Marion Röbkes

Wahrsagen mit Skatkarten

Legetechniken und Deutungen für Liebe
Partnerschaft, Beruf und Zukunftsplanung

WINDPFERD

Besonderer Hinweis: Die Informationen und Hinweise in diesem Buch wurden sorgfältig überprüft. Für eventuelle Schäden, die durch die Anwendung der Inhalte und der damit verbundenen Ratschläge und deren Interpretation in direkter oder indirekter Weise und Folge entstehen, übernehmen weder Verlag noch Autorin eine Haftung. Ebenfalls wird darauf hingewiesen, dass die Karten und die Interpretationsvorschläge nicht zur Diagnose und Behandlung medizinischer und psychischer Erkrankungen gedacht sind. Bei einer entsprechenden Indikation appellieren Verlag und Autorin an die Eigenverantwortung der Nutzer, einen fachkundigen und entsprechend ausgebildeten Mediziner, Heilpraktiker oder Therapeuten aufzusuchen.

4. Auflage 2006

Umschlaggestaltung: Kuhn Grafik, Zürich
Lektorat: Brigitte Gabler
Korrektorat: Gabriele Wurff
Gesamtherstellung: Schneelöwe, Aitrang
ISBN 3-89385-321-9

Printed in Germany

Inhaltsverzeichnis

Einleitung

Das Orakeln mit Spielkarten – eine jahrhundertealte Tradition – ein kurzer geschichtlicher Abriss:

Bereits viele hundert Jahre alt ist die Verfahrensweise, mit der verschiedene Völker und Kulturen mittels der Spielkarten versuchten, die Zukunft vorherzusehen. Ähnlich wie bei der bereits seit Jahrtausenden bestehenden Astrologie oder auch der Punktierkunst, suchte man nach wiederkehrenden Gesetzmäßigkeiten in der Bedeutung einzelner Karten. Deshalb wurde der Kartensymbolik eine Bedeutung zugeordnet, wodurch feste Regeln für die Deutung der Karten entstanden. Manche wurden dabei mit Figuren und Situationen verziert. So wurde unter anderem das vielbekannte Tarot-Spiel gestaltet, dessen Ursprünge mancher bis hinein in die Pharaonenzeit des Alten Ägypten zurückdatieren möchte. Andere Spielkarten wurden schlicht nur mit festen Symbolen und einer Wertigkeit versehen, die einem vorwiegend profanen Gebrauch eher zuträglich war.

Die ersten Kartenspiele fanden im China des 7. Jahrhunderts Erwähnung, doch haben diese Spielkarten mit den heute bei uns gebräuchlichen Skat- oder Pokerkarten nicht viel gemeinsam. Auch in anderen Ländern wurden Kartenspiele entwickelt und gestaltet, deren Inhalte und Gestaltung so vielfältig waren, wie die Möglichkeiten, damit zu spielen. Die Kulturgeschichte der Spielkarten führt in alle Kontinente dieser Erde, denn überall wurde zu bestimmten Zeiten in irgend einer Form dem Kartenspiel Aufmerksamkeit geschenkt. So entstanden viele verschiedene Kartendecks, die in ihrer Gestaltung und Kartenanzahl genauso variieren, wie in den dazu ersonnenen Spielregeln. In Europa erlebte das Kartenspiel seine Blütezeit wohl um das 14. Jahrhundert. Seitdem gilt in der Regel auch die Einteilung in die sogenannten vier Farben:

- die italienisch-spanischen: Münzen, Schwerter, Stäbe und Becher;
- die deutschen: Eichel, Blatt, Herz und Schelle;
- die französischen: Treff (Kreuz), Pik, Herz und Karo.

Damit ließen sich die Spielkarten in ihren Reihen auch den vier Elementen Feuer, Luft, Wasser und Erde zuordnen und folglich auch den Bereichen Energie/Kraft, Geist, Emotion und Materie. Die Bezeichnung Farbe für die ursprünglichen Spielkartenreihen ist vielleicht etwas irreführend, denn an Farben gibt es zumeist nur Schwarz und Rot, wobei die eine eher für die männlich-archaischen Aspekte anzunehmen ist und die andere eher die Verkörperung der weiblichen Aspekte darstellt. Auf die Bedeutung der sogenannten Farben wird in diesem Buch vor jeder Reihe noch einmal genauer eingegangen, um deren Inhalte zu erläutern.

Weiterhin wurden die Karten mit einer Hierarchie versehen, wobei man die Zahlkarten zumeist nur mit ihrem Wert und der jeweiligen Farbe gestaltete. Auch hier gab es in der Vergangenheit regionale Unterschiede, denn mitunter wurden die sogenannten Hofkarten durch vier Repräsentanten vertreten: Bube, Reiter, Dame (Königin) und König oder auch durch nur drei Repräsentanten: Bube, Dame, König. Manchen Spielen wurde ein oder mehrere Narren (=Joker) hinzugefügt, oder der König wurde in militärisch-hierarchischer Weise durch einen „Ober"- und einen „Unter"-Mann begleitet.

Gerade aber die schlichte Gestaltungsweise der Karten, die sich auf die minimal notwendige Symbolik beschränkte, verleitete dazu, den eigenen Spielkarten eine individuelle Note zu verleihen. Verschiedene Holzschnitzer und Kartenstecher gingen daher dazu über, die von ihnen hergestellten Karten mit weiteren Darstellungen zu versehen. Aber auch Privatleute fertigten mitunter Notizen und Skizzen auf ihren eigenen Spielkarten an, unter anderem aus dem einfachen Grund, sich auf diese Weise die Inhalte bestimmter Wissensgebiete besser merken zu können.

Ähnlich verhält es sich auch mit dem Ihnen vorliegenden Kartendeck*, das einzig für den Zweck geschaffen wurde, die Kunst des Orakelns schnell und einfach zu lernen.

Die Bedeutung und Interpretation der Skat-Orakel-Karten

In fast jedem Haushalt findet sich ein gewöhnliches Kartenspiel, bei dem man sich mit der Familie oder mit Freunden zu einer geselligen Runde zusammenfindet und auf spielerische und spaßige Weise die Zeit zu vertreiben sucht. Dass nun gerade die Skat-Karten dazu dienen können, uns etwas über die nahe Zukunft und unsere eigene Persönlichkeit zu verraten, ist dabei von ganz besonderem Reiz, denn wer würde hinter der so harmlos und oberflächlich anmutenden Fassade eine so tiefgehende und erfüllende Möglichkeit zur Prognose vermuten?

Dass die „Herz-Karten“ etwas mit Emotionen und dem Seelischen zu tun haben können, mag Ihnen dabei noch einleuchten, doch hätten Sie gedacht, dass die „Karo-Karten“ den materiellen Bereich sicheren Lebens verkörpern und somit beispielsweise auch Auskunft über jedwede finanzielle Situation geben können?

In diesem Buch werden die Grundbedeutungen der Karten erläutert, aber auch Probleme und Fragestellungen, mit denen man sich bei der Interpretation auseinanderzusetzen hat.

Gerade im partnerschaftlichen Bereich stellen sich dabei sehr häufig noch Fragen. Befindet man sich gerade in einer Beziehung, so ist es meist recht unzweifelhaft, wer mit dem Begriff „Partner“ gemeint ist. Doch geht dies über den „Ehe- oder Lebenspartner“ oder den „Lebensab-

---

*Man kann natürlich jedes Skatspiel dazu verwenden, doch gerade die Ihnen hier vorliegenden Skat-Orakel-Karten (das trifft nur dann zu, wenn Sie dieses Buch zusammen mit den Deutungs-Lern-Karten im Set erworben haben) verdeutlichen mit dem gewohnten Kartenbild und den aufgedruckten zusätzlichen kurzen Deutungs-Stichpunkten die Inhalte der einzelnen Karten.

schnittsgefährten“ hinaus. Unter der Bezeichnung „Partner“ verbergen sich mitunter auch gute Freunde, Kollegen, kurzum alle Mitmenschen, zu denen wir eine enge Beziehung aufbauen und dies kann auf unterschiedliche Weise in vielen verschiedenen Lebensbereichen der Fall sein. Überall dort, wo es also um „Zwischenmenschliches“ im engeren Sinne geht, sind deshalb die Deutungen der Rubrik „Partnerschaft“ heranzuziehen.

Die Skat-Orakel-Karten und die freie Willensbestimmung

Immer wieder kommt im Zusammenhang mit dem Kartenlegen die Frage auf, ob die Orakelkarten ein endgültig feststehendes Ergebnis anzeigen, oder ob man mittels des eigenen Willens und der freien Entscheidung den Ausgang einer Situation doch noch mitbestimmen und sogar verändern kann. Bei der Arbeit mit den Skat-Orakel-Karten wird man entdecken, dass man einen Weg aufgezeigt oder eine Tendenz offengelegt bekommt. Man wird erkennen, welcher Entscheidung man in seinem tiefen Inneren eher zuspricht und welche Möglichkeit man für sich ablehnt.

Die Karten helfen uns in Situationen weiter, in denen man den Wald vor lauter Bäumen nicht sieht“, doch sie können uns eine letztlich fällige Entscheidung nicht abnehmen. Die Karten wollen uns führen oder Hinweise zur Lösung geben. Um einen Überblick über das Spektrum der Handlungsmöglichkeiten zu erhalten, kann man eine Kartenlegung zu Alternativen durchführen. Um eine Entscheidungshilfe zu erlangen, kann man die Skat-Orakel-Karten befragen und sie werden aufzeigen, wie das voraussichtliche Ergebnis sein wird, wenn man seinen bisherigen Kurs beibehält. Ein „unangenehmer“ Ausgang in einer Sache wird deshalb also nicht zwingend eintreten, wenn man darin bestrebt ist, diesen zu vermeiden. Man hat also die Wahl, das Ergebnis im eigenen Sinne zu verändern, wenn man dies möchte.

Die Karten helfen uns also dabei, zu erkennen, worin unsere eigenen Probleme liegen und wie wir sie bewältigen können – dies umzusetzen bleibt schließlich jedem selbst überlassen.

Die Grenzen der Deutung

Dem einen fällt es relativ schwer, für sich selbst die Karten zu legen, andere haben wiederum Probleme bei der Deutung für Freunde, Verwandte und Bekannte. Wenn man nicht nur für sich selbst, sondern auch für Dritte die Karten legen möchte, muss man sich über die Verantwortung bewusst sein, die man mit dieser Aufgabe übernimmt.

Prophezeien Sie keine Todesfälle, Unfälle und schwere Schicksalsschläge, welche die Person oder deren Angehörige betreffen, selbst wenn Sie sich absolut sicher sein sollten, diese Ereignisse in den Karten zu sehen. Auch wäre es für den Kartenleger ein Gewinn, wenn er hinsichtlich der Interpretation für Dritte für sich die folgende Weisheit verinnerlichen würde: „Man soll anderen Menschen die Wahrheit anbieten, wie einen Mantel, in den sie, wenn sie bereit sind, hineinschlüpfen können – und sie ihnen nicht wie einen nassen Lappen um die Ohren schlagen!“ Vielfach werden Sie dabei auch die Erfahrung machen können, dass manche Zeitgenossen erst dann bereit sind diese Wahrheiten zu akzeptieren, wenn sich ihr eigenes Wesen dem geöffnet hat. Jemand, der nicht bereit ist, eine bestimmte Situation oder Gegebenheit für sich anzunehmen, wird mit aller Vehemenz leugnen, dass das Gedeutete auf ihn zutrifft. Vielleicht wird die Einsicht etwas später kommen, es ist aber nicht sehr wahrscheinlich.

Im eigenen Umgang mit den Karten ist eine große Offenheit erforderlich und weiterhin auch sehr viel Sensibilität und Verständnis für die eigenen Stärken und Schwächen. Deshalb bringt es auch nichts, die Deutungsweise der Karten zur eigenen Schonung zu „verbiegen“. Überlegen Sie daher genau, welche Konsequenzen Sie aus der

Deutung der Karten ziehen und in welcher Weise Sie ihre Interpretation eventuell an Dritte weitergeben.

Aber auch im Allgemeinen gilt, dass man auf das Kartenlegen verzichten sollte, wenn man müde, krank oder innerlich angespannt ist, da Körper und Geist in dieser Zeit damit beschäftigt sind, sich selbst zu regenerieren und deshalb eine Phase der Ruhe und Entspannung benötigen. Eine Legung unter solchen Voraussetzungen wird in aller Regel nicht sehr erfolgreich verlaufen. Es ist daher sinnvoll, den Zeitpunkt der Befragung zu verschieben, bis man sich physisch und psychisch wieder auf der Höhe befindet.

So gehen Sie beim Kartenlegen vor

Legen Sie zuerst die beiden Personenkarten auf den Tisch. Dann ziehen Sie zu jeder dieser Karten eine weitere hinzu. Das ergibt beispielsweise die Themen „Schicksal“ und „Glück”. Nun werden Sie sich fragen, wie sich dieses Schicksal/Glück definiert, also benötigen Sie weitere Karten, um den Sachverhalt konkreter einzugrenzen. Dies können Sie letztlich mit allen 36 Karten hintereinander tun, um eine bis ins Detail gehende Antwort zu erhalten. Grundsätzlich gilt aber, dass man an dieser Stelle einem Wandel unterworfen ist oder eine glückliche Zeit erleben darf. Wenn man dann bestimmen möchte, in welchem Lebensbereich sich dies vollzieht, ist die Ziehung einer weiteren Karte notwendig.

Zu den Legetechniken

Mischen und Kartenstapel

Bevor nun mit den Legetechniken* im Einzelnen begonnen werden kann, soll hier noch eine grundsätzliche Frage erörtert werden: Wie ist es mit dem Mischen?

Jeder Mensch braucht seine kleinen Rituale im Leben. Ob man nun unbedingt beim Frühstück die Tageszeitung lesen *muss* oder ob man zum Einschlafen ein bestimmtes Musikstück *braucht*, alles dies sind kleine Rituale, die unser Leben bestimmen und uns ein Gefühl der Geborgenheit und Sicherheit geben. Ähnlich verhält es sich auch mit dem Mischen der Karten. Mancher gibt sich damit zufrieden, die Karten zwei- bis dreimal zu mischen, sie dann in einem Stapel auf den Tisch zu legen und die Karten von oben nach unten „abzuarbeiten”. Andere wiederum bevorzugen die Variante, die Karten lange und gründlich zu mischen, sie dann in zwei, drei, vier oder mehr Stapel aufzuteilen und nach bestimmten Schemata die Karten aus den einzelnen Stocks zu ziehen.

Wieviel Ritual man zum Mischen und Auslegen der Karten braucht, kann man nur für sich erspüren. Dabei ist es wichtig, sich so zu verhalten, dass man „eins“ ist mit seinem Bewusstsein für die Karten und sich nicht von fremden Schablonen einengen lässt. Wenn man die Karten auffächern möchte – dann sollte man es tun! Wenn man einen oder mehrere Stapel bilden möchte – dann sollte man dies tun! Wichtig ist auch hier, mit den Karten *zu spielen.*

Karten deuten

Es mag einem für den Anfang notwendig erscheinen, die Bedeutungen der Karten regelrecht auswendig zu lernen, doch erstaunlicherweise versagen sie in diesen Fällen sogar recht häufig ihren Dienst.

---

*In etwas abgewandelter Form übernommen aus „Handbuch der Legetechniken“, Windpferd 1999

Dies kommt daher, dass alleine durch das phrasenartige Auswendiglernen in der Regel nur Verkettungen von Karteninhalten hergestellt werden, deren Ausdeutung jedoch nicht zu einer Kombination der teils unterschiedlichen Bedeutungen kommt.

Möchte man auf diese Weise dann die Karten gebrauchen, so erscheinen die Inhalte oft verwirrend und unzusammenhängend. Anstatt Klärung in den gewünschten Bereichen zu erhalten, kommt es daher häufig dazu, dass die Antwort als unbefriedigend und orakelhaft empfunden wird.

Um dem vorzubeugen, sind im Anhang des Buches Kurzdeutungen für die einzelnen Karten in Kombination mit anderen Karten zu finden (siehe ab Seite 138). Sie sind jedoch nur als Anhaltspunkte zu verwenden, da sich die Deutung beim Hinzukommen weiterer Karten verändern kann.

Intuitives Deuten

Die einfachste Methode, sich mit dem Umgang der Orakelkarten vertraut zu machen, ist es, eine Frage zu stellen, die nicht mit „Ja“ oder „Nein“ beantwortet werden kann. Dann mischt man die Karten (nach Gefühl) durch und zieht willkürlich eine aus dem gesamten Stapel. Diese Karte gibt eine Antwort auf die gestellte Frage und die dazu dienlichen Hinweise und Stichworte finden sich im anschließenden Teil des Buches.

Lege- und Deutungsmöglichkeiten zu Beginn

Erst gilt es, nach eigenem Gefühl zu entscheiden, ob die Karten vorher nach einer bestimmten Reihenfolge oder Wertigkeit geordnet oder in ungeordnetem Zustand neu gemischt werden. Wenn die Karten vor dem Mischen neu geordnet werden, ist auf jeden Fall ein längerer Mischvorgang notwendig, um eine „Trennung“ der Karten zu erzielen, da sie sonst evtl. in ihrer ursprünglichen Reihenfolge verbleiben würden – und dies verzerrt das Bild.

Es hat sich bewährt, dass die Karten von der Person gemischt werden, die Antwort auf eine bestimmte Frage sucht. Dies hat zur Folge, dass der oder die Fragende ein persönliches und sehr individuelles Kartenbild durch das eigenhändige Mischen erzielen wird. Die Einflüsse des Interpretierenden bleiben aussen vor. Als Anhaltspunkt reicht es dann zumeist vollkommen aus, wenn man innerlich das Gefühl hat, dass die Karten genügend durchgemischt wurden.

Es folgen fünf ausgewählte **Legebeispiele**:

Das Tagesorakel

Es wird eine Karte gelegt:

1. Karte = Tageskarte

Welche Tendenzen bestimmen den Tag?

Dazu ist es vielleicht hilfreich, sich zu Beginn der Kartenlegung die entsprechende Tageskarte und die dazugehörige Interpretation zu notieren und dies nach Ablauf des Tages mit den tatsächlichen Geschehnissen zu vergleichen. Auf diese Weise wird man mit der Zeit ein feineres Gespür für die mit einer Karte verbundenen Tendenzen bekommen und über die Parallelen bald zu gültigen Definitionen für die Tagesdeutung finden.

In unserem Beispiel wurde folgende Karte gelegt:

1. Tageskarte = Pik 8

Und so wird unser Legebeispiel gedeutet:

Pik 8, ein geselliger Tag unter vielen Menschen steht bevor. Dies kann bereits mit einem dienstlichen Meeting beginnen, sich über ein Treffen mit der Freundin erstrekken und abends beispielsweise in einer Party gipfeln. Welche Gründe es für diese Zusammentreffen auch gibt, den Tag sollte man genießen, denn man versprüht viel Charme und Energie und befindet sich in guter Gesellschaft.

Das Kleine Kreuz

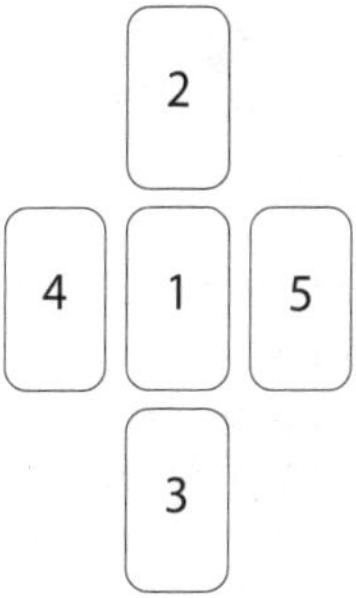

Es werden fünf Karten gelegt:
1. Karte = Personenkarte
2. Karte = Gedankenkarte
3. Karte = Verdrängungskarte
4. Karte = Vergangenheitskarte
5. Karte = Ergebniskarte

Man benötigt als Signifikator die ***„Personenkarte"***, also entweder ***„Herz As"*** oder ***„Pik As"*** (siehe dazu auch Seite 25) und legt diese in die Mitte. Folgend zieht man nach dem Mischen vier weitere Karten und legt sie in die Positionen oberhalb, unterhalb, rechts und links der Signifikatorkarte. Damit erhält man nun die ersten Aussagen, was einen an dieser Situation beschäftigt, wie es dahin gekommen ist und vor allen Dingen, wie der tendenzielle weitere Verlauf sein wird.

Grundsätzlich ist bei den Skatkarten die linke Karte die der Vergangenheit und die rechte Karten weist auf das zukünftige Ergebnis. Die Karte oberhalb zeigt, womit man sich gedanklich beschäftigt und die untere Karte weist auf Personen, Geschehnisse oder Verhaltensweisen hin, die man momentan gerne verdrängt, die aber mitunter bereits das Mittel zur Auflösung einer belastenden Situation sein können.

In unserem Beispiel werden folgende Karten gelegt:
1. Personenkarte = Herz As
2. Gedankenkarte = Kreuz König
3. Verdrängungskarte = Herz 10
4. Vergangenheitskarte = Pik König
5. Ergebniskarte = Kreuz 7

Und so wird unser Legebeispiel gedeutet:

Auf einen kleinen Nenner gebracht befindet man sich hier in einer Situation, in die man aus eigener Unvorsichtigkeit und Leichtgläubigkeit hineingeraten ist ***(Pik König)***. Jedoch scheut man sich derzeit davor, nun für das bereits Geschehene, aber vor allen Dingen auch für das Kommende Verantwortung zu übernehmen ***(Herz 10)***. Gerne möchte man hier jemanden finden, der einem die Entscheidung abnimmt, denn man ist – nicht nur gedanklich – hin und her gerissen und kommt vor lauter Abwägung der Argumente nicht auf einen grünen Zweig ***(Kreuz König)***. Dabei besteht im Weiteren, sofern man sich diesen Sachverhalt nun nicht bewusst macht, die Gefahr, dass man sich selbst betrügt und damit Verluste erleidet. Dies kann beispielsweise Auswirkungen auf die eigene Selbstsicherheit, das finanzielle Auskommen oder die Gesundheit haben ***(Kreuz 7)***.

Hierin liegt also die Pflicht, für sein eigenes Tun und Handeln verantwortlich zu werden. Dazu ist es notwendig, eine klare Entscheidung zu treffen, zu der man letztlich in aller Konsequenz steht. Hierin liegt auch die Möglichkeit, das derzeit absehbare Ergebnis zu wandeln und die Situation doch noch zu einem guten Ausgang zu bringen.

Dieses Legesystem beinhaltet also nicht die Möglichkeit, Lösungswege aufzuzeigen. Es nimmt einem eine Entscheidung nicht ab und gibt auch keine Ratschläge, auf die man sich alibihalber berufen kann.

Wenn man jedoch wissen möchte, welche Alternativen sich bieten und wie sich der Verlauf entwickeln kann, wenn man entweder Weg A oder Weg B beschreitet, ist es sinnvoll, genau mit der entsprechenden Fragestellung ergänzende Karten aufzulegen. Also: „Was wird geschehen, wenn ich die Möglichkeit X wähle und was, wenn ich mich für Y entscheide?“

Das Unbewusste – der Weg zur Selbsterkenntnis

Es werden vier Karten gelegt:

1. Karte = die bewusste Ebene des Ich
2. Karte = die bewusste Ebene des Außen
3. Karte = die unbewusste Ebene des Ich
4. Karte = die unbewusste Ebene des Außen

In unserem Beispiel wurden folgende Karten gelegt:

1. „Bewusstes-Ich-Karte" = Kreuz 9
2. „Bewusstes-Außen-Karte" = Karo 8
3. „Unbewusstes-Ich-Karte" = Pik Dame
4. „Unbewusstes-Außen-Karte" = Herz As

So wird unser Legebeispiel gedeutet:

Die Karte auf der Position „bewusstes Ich" zeigt das, was dem Fragesteller bereits bekannt ist. Es ist eine Lebenseinstellung oder Verhaltensweise, die ihm vertraut ist. Auf dieser Kartenposition befindet sich diesmal ***Kreuz 9***, mit der grundsätzlichen Bedeutung 'Verborgenes'. Hier wird deutlich, daß der Fragesteller an sich bereits kein sehr bewusster Mensch ist, denn die Hintergründe seines Handelns sind ihm nicht offenkundig. Deshalb ist es gerade hier sehr wichtig, sich die Ebene des Unbewussten (also die Karten 3 und 4) anzusehen, um den Motiven in dieser Fragestellung auf die Spur zu kommen.

Im Bereich dessen, was vom Umfeld, aber nicht vom Fragesteller erkannt wird, „bewusstes Außen", befindet sich ***Karo 8***. Diese Karte bedeutet 'Schicksal', umfasst damit die Ebene der Selbsterkenntnis und gibt einen Hinweis darauf, dass eine Veränderung der Situation angezeigt ist, man sich aber nicht traut, die Initiative zu ergreifen, da man fürchtet, das, was man hat, zu verlieren und das, was man anstrebt, nicht zu erhalten. Dem Umfeld ist also die Unentschlossenheit des Fragestellers erkennbar, ihm selbst jedoch nicht.

Das Unbewusste des Fragestellers, „unbewusstes Ich", wird in unserem Beispiel durch die Karte ***Pik Dame*** verkörpert. Die Karte bedeutet hier also 'unverhofft kommt oft' und verstärkt damit die Einschätzung des Umfeldes, welche die Unentschiedenheit des Fragestellers bereits bewusst wahrnimmt. Hier geht es darum, positive Dinge auch freudig hinnehmen zu können (ohne jedesmal etwaige negative Aspekte besonders hervorzuheben), oder sich auch einmal überraschen zu lassen, das heisst, flexibel auf neue Situationen zu reagieren. Gerade in der Verbindung mit dem bereits grundsätzlich unbewussten Handeln des Fragestellers zeigt sich, dass man Überraschungen und Neuerungen, aber auch Gefühlen, Gesprächen und allem anderen 'Unkalkulierbaren' sehr vorsichtig begegnet.

Auf der Position des „unbewussten Außen" befindet sich ***Herz As***, die Karte, die den Fragesteller selbst verkörpert. Sowohl ihm als auch dem Umfeld ist der Umstand unbewusst, dass es hier um Handlungsstrategien des Persönlichkeitskernes, also des Selbst, geht. Der Fragesteller ist damit auf sich selbst ausgerichtet, also regelrecht 'egozentrisch', allerdings geschieht dies aus einer unbewussten Ebene heraus.

Fazit: Der Fragesteller ruft hier zunächst einmal 'Ich', bevor er in der Lage ist, zu erfassen, ob das, was er für sich umsetzen möchte, für ihn überhaupt von Bedeutung ist, oder ob er es tatsächlich benötigt. Nachdem er seine Ansprüche oder Wünsche jedoch angemeldet hat, beschleichen ihn dann wiederum leise Zweifel, ob das Geforderte oder Erhaltene wirklich den Anforderungen entsprechen kann. Somit wirkt man ständig unentschlossen und unzufrieden, ohne sich darüber jedoch im Klaren zu sein.

Partnerschaft

Es werden vier Karten gelegt:
1. Karte = Das ist die Situation, die beide derzeit umgibt
2. Karte = Das trennt
3. Karte = Das verbindet
4. Karte = Das ist der weitere Verlauf

In unserem Beispiel wurden diese Karten gelegt:
1. „Situations-Karte" = Kreuz 10
2. „Trennungs-Karte" = Herz König
3. „Verbindungs-Karte" = Herz Dame
4. „Zukunfts-Karte" = Karo 10

Und so wir unser Legebeispiel gedeutet:

Mit ***Kreuz 10*** als „Situations-Karte" befinden sich beide Partner in einer Lage, die von Fürsorge bestimmt wird. Dabei ist es einerseits möglich, dass jeder den anderen umhegt und pflegt, doch eine Aufgabe der Beziehung liegt auch darin, den Partner nicht festzubinden und an sich zu klammern.

Herz König trägt die Bezeichnung 'Psyche' und benennt damit auch den eigenen geschützten Raum, in dem man sich zu Hause und geborgen fühlt. Auf der Position der „Trennungs-Karte" bedeutet sie, dass gerade die Nähe und Vertrautheit es hier ist, die beiden Partnern Schwierigkeiten bereitet, denn die Karte liegt auf der Position dessen, 'was trennt'. Damit wird auch die Aufgabe verstärkt, die in dieser Beziehung darin besteht, dem jeweils anderen Freiräume und auch 'kleine Geheimnisse' zu lassen, damit man wieder etwas Interessantes und Neues am anderen entdecken kann.

Herz Dame, mit der Bezeichnung „Wandlung“ gibt als „Verbindungs-Karte“ Aufschluss darüber, was die Partner zusammenführt. Auch hier ergänzt sich das Bild, denn mit Veränderungen lässt sich die Partnerschaft wieder auffrischen.

Mit ***Karo 10*** als „Zukunfts-Karte“ ist der ‘Traum’, eine freie und erfüllende Partnerschaft zu leben, greifbar. Dies bedeutet aber auch, dass beide sich über ihre Ziele einig sein müssen und in dem Partner keinen persönlichen Besitz sehen, der einem nunmehr mittels Schriftstück auf Lebenszeit übertragen wurde. Ein wichtiges Ziel dieser Partner ist es also, ein Zuviel an Nähe zu vermeiden, auch wenn das Vertraute und Bekannte gerade deshalb so wunderschön ist, weil man nicht viele Worte braucht, um sich zu verstehen. Hier wird es wichtig, dass beide Partner ihren Horizont erweitern und ihre Erfahrungen dann miteinander austauschen – wie weit die Regeln dabei gesteckt werden, liegt alleine in einer Absprache der beteiligten Personen.

Meine Wünsche

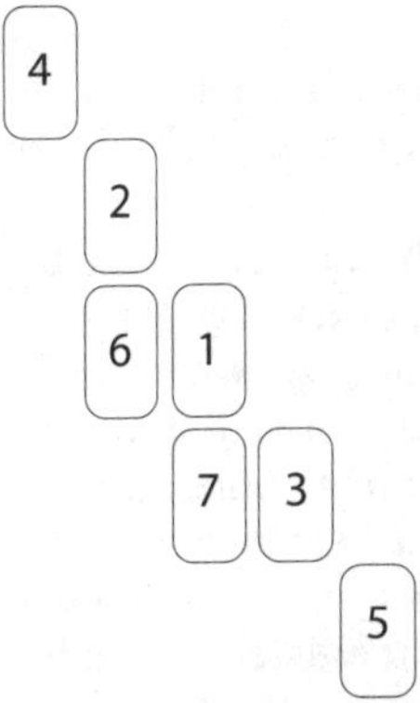

Was kann ich zu meiner Wunscherfüllung* tun?

Es werden sieben Karten gelegt:

1. Karte = Diese Karte repräsentiert den Wunsch?
2. Karte = Wie helfen andere bei der Verwirklichung?
3. Karte = Wie verhindern andere die Verwirklichung?
4. Karte = Was muß ich selbst tun?
5. Karte = Wodurch verhindere ich unbewußt die Verwirklichung?
6. Karte = Was ist das Ergebnis, wenn der Wunsch sich jetzt erfüllt?
7. Karte = Was muß ich dafür aufgeben?

In unserem Beispiel wurden folgende Karten gelegt:

1. Wunsch-Karte = Pik König
2. Helfer-Karte = Kreuz 9
3. Äußere-Blockade-Karte = Herz 9
4. Aktions-Karte = Kreuz Bube
5. Innere-Blockade-Karte = Karo 8
6. Erfüllungs-Karte = Karo 9
7. Ausgleichs-Karte = Herz Dame

---

* Weitere interessante Legesysteme sind beschrieben in „Das Handbuch der Karten-Legetechniken", Windpferd, Aitrang 1999

Und so wird unser Legebeispiel gedeutet:

Ich wünsche mir zum Beispiel ein zufriedenes und selbstbestimmtes Leben.

Die Frage: Wie kann ich es erreichen, wo und in welcher Art finde ich Unterstützung und was hemmt mich an der Verwirklichung?

„Wunsch-Karte“ Pik König – Es geht darum, sich selbst ein wenig näher zu kommen und wieder den Blick für die Realität zu erhalten. In der letzten Zeit ist dieser wahrscheinlich etwas verloren gegangen und man hat sich in naiven Vorstellungen verstrickt, wie man sein Leben führen könnte. Doch diese Maßgaben lassen sich nicht erfüllen.

Wir müssen also wieder zum Wesenskern zurückfinden und uns nicht in Luftschlössern und Phantastereien verlieren, die wir jedoch momentan in der Verfolgung unserer Wünsche verkörpert finden.

„Helfer-Karte“ Kreuz 9 – Mit seinem Umfeld steht man zu diesem Zeitpunkt nicht gerade in bester Verbindung. Die eigene Unsicherheit spielt in die Beziehungen mit hinein. Deshalb ist hier kaum Hilfe von anderen zu erwarten. Man muss selbst aktiv werden!

„Äußere-Blockade-Karte“ Herz 9 – Mit weisen Ratschlägen und Tips! So erstaunlich dies klingen mag, gerade gegen die wohlgemeinten Hilfestellungen von aussen, so sie denn in dieser Form erfolgen, reagiert man ziemlich allergisch. Im Zusammenhang mit der vorhergehenden Karte ergibt dies aber auch einen Sinn, denn man fühlt sich nicht gut verstanden. Ratgeber von aussen mögen durchaus einen sinn- und wirkungsvollen Rat zur Hand haben, aber durch das gespannte Verhältnis ist man nicht willens, diesen anzunehmen.

„Aktions-Karte“ Kreuz Bube – Es geht darum, wieder eine vernünftige Basis zu erreichen. Derzeit greifen die Rechte der einen Partei in die Rechte einer anderen ein und keiner von beiden möchte dies dulden. So muss man nun versuchen, seinen Standpunkt klar zu definieren, ohne dabei jedoch andere in ihren Ansprüchen zu behindern.

Gerade wenn es um die Selbstfindung und Selbstausrichtung geht, ist dieser Zustand nicht immer leicht zu verwirklichen. Nun müssen beide Seiten nach einem Kompromiss suchen und dazu notfalls einen Aussenstehenden (im Zweifelsfalle einen Therapeuten, Rechtsanwalt o. ä.) in Anspruch nehmen.

„Innere-Blockade-Karte" Karo 8 – Durch Selbstzweifel, aber auch durch Ungerechtigkeit fordert man bei der Wunscherfüllung wahrscheinlich mehr, als einem zusteht, ja mehr, als man in seinem Inneren wohl wirklich selbst will. Dieses Spannungsverhältnis zwischen Ego, welches fordert, und Selbst, welches ablehnt, manifestiert sich so. Deshalb wäre es an dieser Stelle sinnvoll, sich zu fragen, ob man das Erstrebte *tatsächlich* haben möchte.

„Erfüllungs-Karte" Karo 9 – Diese Karte steht für die Beendigung oder den Tod einer Sache. An dieser Stelle wird deutlich, dass man sich mit der ganzen Situation überhaupt nicht glücklich fühlt, doch man hat das Ganze initiiert, jetzt ist es auch zu Ende zu führen. Letztlich bleibt einem jedoch immer noch die Wahlmöglichkeit, entweder die Sache in aller Konsequenz durchzuziehen oder sich damit abzufinden, dass hier bestehende Kontakte zu Mitmenschen vollkommen beendet werden. So oder so zeichnet sich das Ende eines Teilaspektes ab. Welches Übel das kleinere ist, muss man jedoch noch für sich entscheiden.

„Ausgleichs-Karte" Herz Dame – Diese Karte deutet an, dass man in der Erfüllung eines vordergründigen Wunsches die Möglichkeit gesehen hat, seine Situation grundlegend zu verändern. Doch sagt die Karte „Herz Dame" worauf wir verzichten müssen, um unsere Wünsche erfüllt zu bekommen. Nun drängt das Selbst das Ego beiseite und macht mit einem letzten verzweifelten Hilfeschrei darauf aufmerksam, dass dieser Wunsch gar nicht das ist, was man sich tief im Innern ersehnt. Sich diesen Wunsch erfüllen hieße, etwas mit dieser Handlung zu kompensieren, doch ein Erfolg würde dadurch in keiner Hinsicht eintreten, ganz im Gegenteil. Hier läuft man außerdem Gefahr, sich von seinem Wesenskern noch weiter zu entfernen, als dies bisher schon geschehen ist.

Fazit: Hier wird geschildert, wie man selbst sich betrügen kann und in der Erreichung eines bestimmten Zieles sein Lebensheil sucht. Aus dem Kartenbild wird deutlich, dass man dabei nicht die Unterstützung aus seinem Umfeld hat, ja dass man sogar all die gutgemeinten Ratschläge einfach in den Wind schlägt, auch auf die Gefahr hin, es sich mit allen Leuten zu verscherzen. Letztlich zeigt die Kartenlage, dass man keineswegs glücklicher wäre, wenn man sich diesen Wunsch erfüllt, denn dafür sind die Opfer, die man bringen müsste, sehr hoch. Die andere Alternative liegt darin, seine Wunschvorstellungen zu begraben, eine Möglichkeit, die man ebenfalls nicht gerne in Betracht zieht.

Das Legebild erteilt somit keine Absolution oder Richtungsweisung, es zeigt das klare Bild einer entstehenden Situation, aber auch die Tatsache, dass man hier zuvorderst an anderer Stelle ansetzen sollte, um nicht durch solche Kompensationsmittel vermeintliche Bedürfnisse zu erfüllen.

Herz As und Pik As

Der Fragesteller/Die Fragestellerin bzw. die Partner (Personenkarten)

Grundsätzliche Deutung der Karte

An dieser Stelle findet man die beiden höchsten Karten aus den Reihen Pik und Herz. Damit stehen sie bezeichnend für die Elemente Luft und Wasser, hier dem männlichen und dem weiblichen Prinzip als Verkörperung für die geistige und die seelische Ebene. Beide Karten können damit als Indikator für einen weiblichen oder einen männlichen Fragesteller genommen werden. Die jeweils andere Karte steht dann für einen (Wunsch-)Partner. In gleichgeschlechtlichen Beziehungen wird die Karte des Partners durch „Kreuz König", die der Partnerin durch „Kreuz 10" ersetzt.

Beachtenswert bei der Auslegung der Karte

Die Hauptpersonen haben als Karten keine eigenständige Bedeutung und müssen deshalb immer durch weitere Karten ergänzt werden.

Nachfolgend findet man einige Hinweise, welche Bedeutung die Personenkarte in der Verbindung mit anderen Karten erhält. Das ist dann das Thema, um das es in der Fragestellung geht. Manche Begriffe sind mehrfach oder in ähnlicher Formulierung bei verschiedenen Karten zu finden. Dies hängt damit zusammen, dass eine bestimmte Tendenz bei beiden Karten vorherrscht, die jedoch qualitativ eine etwas andere Nuance aufweist. Durch die ergänzenden Begriffe wird dann schnell deutlich, welche der Definitionen zu verwenden ist und wo die inhaltlichen Unterschiede liegen.

Karo 7
Selbstkritik

Grundsätzliches Deutung der Karte

Man ist erfüllt von Schmerz und Unverständnis, doch fügt man sich selbst und anderen in seiner Verzweiflung nur noch weiteren Kummer zu. Die Situationen, die man in der vergangenen Zeit nicht beachtet hat, haben sich gewandelt. Zu lange Zeit wurde die Notwendigkeit einer Lösung nicht in Betracht gezogen, manches vielleicht sogar verdrängt, weil die Arbeit daran zu unbequem erschien oder man darauf hoffte, dass sich das bestehende Problem im Laufe der Zeit von selbst erledigen würde. Nun muss man feststellen, dass durch eigenes Zutun beziehungsweise die eigene Untätigkeit, aus einem kleinen Problem ein größeres geworden ist. Jetzt ist die Zeit gekommen, endgültig an die Bewältigung dieser Probleme heranzutreten und an den Ursprung zurückzukehren, um von dort aus neu zu beginnen. Es gilt, wieder Kontakt zur eigenen inneren Führung aufzunehmen, damit unser Wesenskern wieder ins Gleichgewicht kommt und wir die Lösungen für unsere Schwierigkeiten im Inneren finden können.

Partnerschaft

Wenn die Belastungen zu groß werden, neigen wir manchmal dazu, nur noch die negativen Ereignisse zu sehen und den Blick für die positiven Dinge des Lebens mitunter gänzlich zu verlieren. Neben der Befürchtung, die aktuelle Situation nicht bewältigen zu können, drängen sich die unverarbeiteten Ängste und unerfüllten Bedürfnisse nach oben und erschweren eine objektive Betrachtung des Problems und die Suche nach einer Lösung. Wenn wir versuchen, solche Zustände aufzulösen, kann es vorkommen, dass wir unsere momentane Situation als aussichtslos empfinden. Hier müssen wir deshalb die Bemühungen darauf richten, die gegebenen Umstände möglichst objektiv zu betrachten und uns kompetenten Rat zu holen – entweder aus der eigenen Mitte heraus oder durch einen unparteiischen Berater. Erst dann sollte eine konsequente Entscheidung getroffen werden.

Selbsterkenntnis und Hintergrund

Es zeigt sich, dass man sich in der vergangenen Zeit zu sehr von seinen eigenen Ängsten und Schwächen hat unterdrücken lassen. Damit wurde auf unfreiwillige Weise eine Abhängigkeit geschaffen, durch die man sich quasi selbst unterjocht und sich scheinbar jedes Recht auf Freude und Liebe verwehrt. Um sich aus dieser Situation zu lösen muss man nun einen beschwerlichen Weg gehen, der uns mit den dunklen Aspekten des eigenen Wesens in Berührung bringt. Denn es gilt auch zu ergründen, warum man sich selbst in diese Abhängigkeit begibt und welche unerfüllten Erwartungen an uns selbst und unseren Werdegang dazu geführt haben, dass wir anderen fast bis an die Selbstaufgabe die Regelung unseres Lebens überlassen. Auch wenn es paradox erscheint, ist dieser Bewusstmachungsprozess zwingend notwendig, um sich selbst an den Haaren aus diesem Sumpf herauszuziehen und den Teufelskreis zu durchbrechen.

Konflikte

Gefühle der Ohnmacht und Hoffnungslosigkeit bringen uns einerseits dazu, nach dem letzten Strohhalm zu greifen, der sich uns bietet, läßt uns aber andererseits verzweifelt um uns schlagen, um auf diese Weise einem bestehenden Druck auszuweichen. Dies führt bisweilen in extreme Situationen: Wir resignieren entweder, ordnen uns einem anderen Menschen unter und überlassen ihm die Lösung der eigenen Probleme oder wir weisen aggressiv jeden von uns, der uns Hilfe anbietet. In keiner dieser Situationen handelt man im rechten Mittel und sicherlich auch nicht im Einklang mit dem eigenen Wesen. Es fällt sehr schwer einen adäquaten Mittelweg zu finden und man sucht den Ausgleich dafür derzeit im Außen. Andere Personen, Gegenstände oder Genuss- und Suchtmittel sollen dazu dienen, die eigenen Defizite zu kompensieren. Doch die Lösung der Probleme liegt nicht im Außen sondern im Innen. Kann man es erreichen, den Zusammenhang von Ursache und Wirkung zu erkennen und sich auf die Suche nach der Wurzel des Übels zu machen, ist bereits ein gutes Stück des Weges beschritten.

Hoffnungen und Ängste

Es gibt Situationen, in denen überwiegen negative Gefühle und Eindrücke: Alles wird nur noch schlimmer anstatt besser. Dabei sind wir es nicht selten selbst, die am bestehenden Leid festhalten, in einer belastenden Situation verharren. Und das nicht allein um Anteilnahme zu erhalten, sondern auch, um damit eine scheinbar sichere und kalkulierbare Situation zu erhalten. Voll von pessimistischen Gedanken wagt man zu solchen Zeiten noch nicht einmal sich vorzustellen, dass sich die Geschehnisse zu den eigenen Gunsten verändern werden. Ähnlich dem Sprichwort „Lieber der Spatz in der Hand, als die Taube auf dem Dach", bleibt man dem Alten, Kummervollen und Überholten verhaftet, statt sich dem höheren und versprechenderen Ziel zuzuwenden.

So bringt man dann kaum den Mut auf, die leidvollen Situationen zu verlassen. Man hält fest, kann selbst den erfahrenen Schmerz nicht loslassen, obwohl man doch im tiefen Inneren nach Freude und Freiheit strebt. Tief verwurzelt und kaum zu entdecken sitzt dabei die Furcht davor, dass alles nur noch schlimmer wird. Würde man sich nun unvorbereitet aus dem eigenen Schneckenhaus herauswagen, könnte dies tatsächlich eintreten. Doch alleine die Mobilisierung der eigenen Kräfte und ein beherztes Angehen gegen die (bis dato unbewussten) Ängste schaffen die Voraussetzung für eine Veränderung und die Überwindung der persönlichen Hemmnisse.

Beachtenswert bei der Deutung

Hier ist man nun an einem Wendepunkt angelangt, denn eine Veränderung, die dem eigenen Selbst-Schutz dient, drängt sich regelrecht auf. Doch dies ist keine Aufforderung zu dramatischer Aktion und extremer Mittelanwendung, sondern zur Selbstkritik und -analyse, mag sie vielleicht auch sehr schmerzhaft sein. Dabei gilt es, seine Probleme, Gedanken und Gefühle nicht in übersteigerter Weise darzustellen und aufzuarbeiten. Ebensowenig darf man die Verantwortlichkeit für das eigene Tun, sei es aus der Vergangenheit oder auch für die Zukunft, einem Dritten überlassen, den wir wegen seiner eigenen Lebensführung für befähigter halten, schwierige Situationen zu meistern. Eigenverantwortlichkeit und Problembewältigung im rechten Mittel und zur rechten Zeit sind hier gefragt.

Karo 8
Schicksal

Grundsätzliche Deutung der Karte

Die Karte Karo 8 gibt einen Hinweis auf eine ganz besondere Situation im Leben, denn hier befindet man sich an einem Wendepunkt, der einen kleinen Ausschnitt dessen zeigt, was man letztlich alles erreichen kann. Man erhält eine Schlüsselkarte, die verdeutlichen soll, wo die Inhalte und Wegweiser für das eigene Weiterkommen zu suchen sind.

Partnerschaft

Manchmal plagen Unsicherheit und Zweifel, die es uns schwierig machen, auf die innere Stimme zu hören und zu hinterfragen, was man möchte. Sei es, dass es um einen Partner selbst geht oder auch um Inhalte und Ziele in einer Partnerschaft, die man nicht verwirklicht sieht. Doch nicht nur die Konzentration auf die eigenen Wünsche und Hoffnungen, auch deren Umsetzung bereitet daher mitunter kleinere oder größere Probleme. Man sollte jetzt nicht zögern, denn die Zeit für eine erfüllende Beziehung ist sehr günstig.

Selbsterkenntnis und Hintergrund

Diese Karte bringt uns an den Punkt, zu hinterfragen, wie wir mit Wandel und Veränderung in unserem Leben umgehen können. Verhalten wir uns eher starr wie eine Eisenbahnschwelle, die Wind und Wetter trotzt und eher bricht, als sich zu verbiegen, oder eher wie der Grashalm der sich selbst dem größten Sturmwind anpassen kann, weil er sich biegt aber nicht bricht. Auch ist es hier die Auseinandersetzung mit dem persönlichen Temperament, das sich entweder aktionär oder reaktionär äußern kann. Zwingen wir in dem Moment unser Umfeld, mit den ständigen, von uns verursachten Veränderungen Schritt zu halten, oder werden wir von Umfeld, Leben oder Schicksal (in dem Moment vielleicht sogar noch eher auf unbewusste Weise durch uns selbst) dazu gezwungen, sich beständigem Wandel anzupassen? Es ist die Angst vor der Veränderung und das Streben nach Wandel gleichzeitig. Es ist der Spatz in der Hand oder die Taube auf dem Dach. Es heißt loslassen, um annehmen zu können. Es bedeutet aber immer die Auseinandersetzung mit der Veränderung einer Situation.

Konflikte

So manchem kommt diese Situation vielleicht bekannt vor: Da sitzt uns jemand gegenüber und lamentiert über das Glück, das *immer* nur die *anderen* haben, doch niemals er selbst. In dem Moment, in dem aber das Glück bei ihm anklopft, sitzt er da, verschreckt und überrumpelt und bis er es fassen und reagieren kann, ist das Glück schon wieder weitergegangen.

Glück zu haben und seine Chancen zu nutzen bedeutet bisweilen auch schon einmal die Bereitschaft, sich auf ein Wagnis einzulassen – hop oder top. Das heisst auch, mit offenen Augen durch das Leben zu gehen und die vorhandenen Möglichkeiten zu nutzen und nicht etwa darauf zu warten, dass andere unser Leben regeln. Hier gilt es, nicht unzufrieden mit dem zu sein, was das Schicksal zu bieten hat und sich gegenüber denen, die etwas mehr haben als wir versöhnlich und jenen, die weniger haben großmütig zu zeigen. Neid und Hochmut sind die schlimmsten Verfehlungen, die uns die Karte Karo 8 vorzuwerfen hat.

Hoffnungen und Ängste

Nur wenigen Menschen fällt es leicht zuzugeben, dass schicksalhafte Begebenheiten in ihnen zwiespältige Gefühle auslösen. Zum einen ist es wunderbar, eine große Chance vor Augen geführt zu bekommen Doch zugleich stellt sich die Befürchtung ein, was wäre, wenn sich die Hoffnungen nicht verwirklichen oder man das wieder verlieren würde, was man gerade erst aufgebaut oder erhalten und worüber man sich sehr gefreut hat. Es ist fast, als wollte man in einer unbefriedigenden Situation verharren, weil man sich nicht traut, seinem Glück zu folgen. Doch Pessimismus bietet keine Hoffnung, sondern nur das Leben unter der Herrschaft seiner eigenen Ängste. Von Karo 8 darf man sich optimistisch stimmen lassen und darauf vertrauen, dass auf Regentage auch einmal wieder Sonnenschein folgt, und dass das eigene Leben immer wieder neue Chancen für einen bereit hält.

Beachtenswert bei der Deutung:

Diese Karte macht deutlich, wie unterschiedlich die Ziele sind, die man in ihrem Wirkungsbereich erreichen kann, je nachdem ob man die richtige oder die falsche Wahl trifft. Das Schicksal hat uns einen Schlüssel in die Hand gegeben, um die innersten und vielleicht geheimsten und lang ersehnten Wünsche und Ziele zu verwirklichen. Fragt sich dabei nur, ob man auf seine innere Stimme hört oder sie eher unterdrückt. Wer nun in der Lage ist, die Kraft seines Unbewussten zu nutzen, kommt hier seiner Selbstverwirklichung und der Erfüllung seiner Lebenswünsche ein gutes Stück näher.

Doch auch wenn man durch diese Karte im Nachhinein erkennen kann, dass man falsch gehandelt hat, darf man davon ausgehen, noch eine weitere Chance zu erhalten, um das bestehende Ergebnis zu korrigieren. Voraussetzung ist allerdings, dass man aus der aktuellen Situation etwas gelernt hat und letztlich nicht nur auf sein Schicksal vertraut.

Karo 9
Zyklus

Grundsätzliche Deutung der Karte:

Führe es zu Ende! Diese Karte steht für alle Dinge und Situationen, Lebensabschnitte und Sachverhalte, die beendet werden (müssen). Dabei kann es sich um Beziehungen handeln oder um Verträge, um althergebrachte Traditionen und um all die Geschehnisse, die für uns in irgendeiner Form künftig nicht mehr passend sind.

Dieser Prozess der Beendigung stellt eine Transformation der Energie dar, die für den Betreffenden im jetzigen Moment noch nicht ersichtlich ist. Es verhält sich, wie bei einem Kornfeld, denn es unterliegt annähernd dem gleichen Kreislauf. Zunächst sät man Körner aus, die heranreifen zu gesundem Getreide, dann erntet man und übergibt somit die Ähren dem Tod. Einige der Samen verwahrt man und pflanzt sie wieder auf dem Acker an. Bevor man dem neuen Korn Leben schenken kann, muss das alte seinen Platz frei machen, es muss Raum geben für neue Energie, für Wachstum.

Erst wenn der Prozess des Erntens mit Karo 9 abgeschlossen wurde, entsteht wieder die Möglichkeit für neue schöpferische Werke und den freien Fluss der Energie, aus der Großes entstehen kann.

Partnerschaft

Die Reifezeit eines Lernprozesses in einer Beziehung ist angebrochen, jetzt gilt es zu ernten. Welche Früchte sind in dieser Beziehung aus den gemeinsamen Bestrebungen erwachsen? Sind sie reiflich gelungen oder verdorrt und faulig?

Wenn man mit den bisherigen Ergebnissen zufrieden ist, erhält man nun die Möglichkeit, etwas vollkommen Neues aus seiner Beziehung entstehen zu lassen, denn die Basis in dieser Partnerschaft ist gereift und gefestigt. Die gemeinsamen Erfahrungen dienen als Nährboden für die Transformation der Beziehung auf eine andere, höhere Ebene.

Stellt man allerdings fest, dass die gemeinsamen Bestrebungen stets unfruchtbar waren und keinen nennenswerten Erfolg brachten, dann ist es an der Zeit, sich von dem zu trennen, was nicht mehr dem eigenen Wesen entspricht, was hemmt und vom Strömen der Lebensenergie abschneidet.

Wie Phönix aus der Asche, der symbolisch für die Erneuerung des Lebens und die Überwindung des Todes steht, erhält man dann die Chance, gänzlich gereinigt nach einem läuternden Prozess, einen Neubeginn zu wagen.

Selbsterkenntnis und die Hintergründe:

Der Tod. Kaum ein Thema bietet soviel Raum für Ängste, Spekulationen, Emotionalität und Erfahrung und für die Schaffung von Mythen und Tabus. Die Auseinandersetzung mit dem „Endlichen" schafft vielen Menschen immer wieder Schwierigkeiten, denn der Verlust eines lieben Menschen, der Abschluss von Lebensabschnitten aber auch der Abschied von Lebensumständen oder Selbstbildern schaffen in einem Gefühle der Trauer, der Wut und des Schmerzes. Es ist die Angst davor, zurückgelassen zu werden oder im eigenen Falle sich selbst aufzulösen und nicht mehr zu existieren. Zumeist erkennen wir im ersten Augenblick nur den Verlust und nehmen in unserer Trauer gar nicht mehr die Veränderungen wahr, die sich vollziehen. In sich fest verschlossen weigern wir uns loszulassen, uns zu verabschieden und sogar die positiven Einflüsse, die aus solchen Veränderungen entstehen können, wahrzunehmen.

Doch dies bedeutet letztlich die Verleugnung des Lebens *für* den Tod. Man begibt sich selbst in eine starre und belastende Situation und lässt dem Leben kaum noch

Raum. Dabei will gerade diese Karte uns scheinbar an die Hand nehmen und zeigen, welche erfüllenden und beglükkenden Möglichkeiten das Leben zu bieten hat.

Konflikte:

Im Bereich dieser Karte sind die Konflikte denen man begegnet immer mit der Frage nach der eigenen Opferbereitschaft verbunden. Ob es den Abschied von der eigenen Kindheit betrifft oder den Abnabelungsprozess vom Elternhaus, die Bereitschaft zugunsten anderer auf etwas zu verzichten oder die vielen kleineren und größeren Dinge, in denen wir eine Situation zu Ende führen oder letztlich ruhen lassen müssen. All dies sind Opfer zugunsten eines höheren Zieles, das es zu erreichen gilt.

Nun kann das Problem zum einen darin begründet liegen, dass man nicht bereit ist, etwas herzugeben, da man den höheren Sinn dieses Verzichtes nicht erkennen kann. Dabei geht es also letztlich darum, die Unabänderlichkeiten zu akzeptieren und die eigenen wirklichen Bedürfnisse zu erkennen und sich von dem zu trennen, was man nicht braucht.

Andererseits kann die Karte darauf hindeuten, dass man dazu neigt, Situationen eher von sich aus zu beendigen, ohne seinem Gegenüber die Möglichkeit einzuräumen, einen Fehler zu verbessern und ein Ergebnis zu korrigieren. Manchmal ist man auf diese Weise ungerecht und unbarmherzig zu seinen Mitmenschen. Mitunter stellt man sein Tun vielleicht sogar noch als „Gnadenakt“ dar, weil man dem anderen nunmehr die Weiterführung einer bestimmten Aufgabe abnimmt. Man hält ihn nicht für befähigt, ein bestimmtes Ergebnis zu erzielen und schützt ihn quasi vor sich selbst.

In allen Fällen gilt es zu erkennen, dass es Dinge und Situationen gibt, in denen wir aufgefordert sind, uns von etwas zu trennen oder auch einmal einen Schlussstrich zu ziehen. Dabei ist es notwendig nach einem Weg zu suchen, der für alle Beteiligten eine akzeptable Lösung bietet.

Hoffnungen und Ängste:

In den alten Kulturen und Mysterien spielte der Opfertod eines Menschen, eines Tieres oder auch von Pflanzen und Gegenständen eine große Rolle. Dies bedeutete für die damaligen Menschen nicht unabdingbar den tatsächlichen physischen Tod des Opfers, sondern starke psychische (aber auch physische) Erlebnisse, die dazu dienten, die alte Persönlichkeit abzustreifen und stark und gereift aus dieser Situation hervorzugehen. In den Initiationsriten haben diese Erfahrungen und Praktiken bis in die heutigen Tage überlebt. Ein weitbekanntes Ritual in diesem Sinne ist die Taufe, in der die sakrale Reinigung durch das Wasser die Wiedergeburt des Menschen in Gott symbolisch darstellt. In dem Wasser unterzutauchen bedeutete, den freiwilligen Tod hinzunehmen, mit allen damit verbundenen Ängsten. Der Aufstieg aus dem Wasser galt als Zeichen der Neugeburt des Menschen. In den meisten Mysterien durchlebte man daher in einem Ritual den Tod des Körpers oder der Persönlichkeit, um danach als vollkommen neues und reines Wesen wieder zu erstehen.

Mit einer solchen Situation ist jedoch nicht nur die Hoffnung auf eine zweite Chance verbunden, die es uns ermöglicht, noch einmal ganz von vorne zu beginnen. Damit einher geht auch die Angst, sich selbst aufzulösen und wesentliche Teile des eigenen Ichs zu verlieren. Das in unserer Kultur weitgehend tabuisierte Thema „Tod" schleicht hier in einem anderen Gewand daher, wenn wir uns weigern, uns selbst zu erkennen, in unserem Inneren nach den wahren Bedürfnissen zu forschen und nicht zuletzt die eigenen Ideale zu überprüfen. Diese Karte zeigt uns, dass man sich auch von etwas trennen kann, ohne dadurch den Boden unter den Füßen zu verlieren – und selbst wenn man dies für einen kurzen Moment tatsächlich so empfinden sollte, bedeutet dies letztlich zwar den „Tod“ eines Teiles von uns, der sich aber auf diese Weise wandeln kann, um dann gefestigt und gestärkt einen wesentlichen Aspekt unserer Persönlichkeit zu bilden.

Beachtenswert bei der Deutung:

Der Tod – oder die Beendigung – ist ein Thema, das viele Menschen im ersten Moment erschreckt und ängstigt, denn tiefe, unbewusste Ängste werden wach. Der Umgang mit dem Thema Tod erfolgt daher zumeist auf der emotionalen Ebene, die schwerer greifbar ist, als die rationale Lösung über den Verstand. Bis vor wenigen Jahrzehnten gehörte der Tod genauso zum täglichen Leben wie die Geburt. Kinder wurden in die Lebenszyklen mit einbezogen und erlebten diese Geschehnisse als natürliche Prozesse. Heute sind Kinder weder in den Kreißsälen, noch in den Sterbezimmern gerne gesehen, sie werden abgeschottet vom Naturkreislauf und zumeist erst im Erwachsenenalter mit diesen Erlebnissen konfrontiert.

Mit dem Begriff „Tod“ ist im Falle der Kartendeutung aber nur in Ausnahmefällen das physische Ende eines Menschen gemeint, sondern in aller Regel die Beendigung ganz profaner Situationen, wie beispielsweise der zeitliche Ablauf eines Mietvertrages, einer Versicherung o. ä. Auch Zeiten, in denen man unter Druck und starker Anspannung gestanden hat, gehen mit dieser Karte zu Ende. Vielleicht verliert diese Karte und die mit ihr verbundene Thematik ein wenig den Schrecken, wenn man entdeckt, dass die Beendigung einer Sache durchaus positive Aspekte aufweisen kann.

Karo 10

Traum

Grundsätzliche Deutung der Karte:

Hinter dieser Karte verbergen sich die innigst gehegten Wünsche und Hoffnungen. Es ist eine Sammlung aller „Das-würde-ich-gerne-einmal-machen"-Sehnsüchte, der „Irgendwanns", aber auch der begrabenen Ideen und Vorstellungen. Es ist das, was man für sich einmal ersehnt hat, die Lebensziele, die man gesetzt hat und auch das eigene innerste Wesen, das Selbst. Es sind die großen Ziele und Wünsche, deren Verwirklichung man sich allerdings noch verwehrt, da zum betreffenden Zeitpunkt vielleicht das nötige Kleingeld oder aber die Zeit für die Durchführung fehlen, oder aber weil man für sich selbst (oder beeinflusst durch die Meinung Dritter) entschieden hat, dass das Erstrebte zwar eine nette Idee ist, an den realistischen Möglichkeiten aber weit vorbei geht.

Partnerschaft

Vielleicht wartet man noch auf den Märchenprinzen oder die Märchenprinzessin oder man hat den Wunschpartner bereits gefunden und setzt nun große Hoffnungen darauf, mit ihm/ihr seine Lebensziele zu verwirklichen. Dabei geht es hier um die Frage, welche Ideale man im Partner verwirklicht sieht (sehen will), ob man ihn als eigenständiges Wesen an-erkennt oder ob er für uns nur das Bild eines Traumpartners widerspiegelt. Vielleicht sehen wir diesen Menschen durch die „rosarote" Brille und können oder wollen gar nicht erkennen, in welchen Bereichen wir miteinander harmonieren oder disharmonieren und ob die Summe dessen eher ein positives oder ein negatives Ergebnis aufweist.

Auch die Prägungen aus früheren Beziehungen zeigen sich hier. Die Art und Weise, in der Beziehungen gelebt wurden, die Enttäuschungen, aber auch die glücklichen

Momente stellen häufig einen Maßstab für kommende Partner dar, dem sie erst einmal gerecht werden müssen. In manchen Beziehungen kann dies zu einem regelrechten „Schattenboxen“ werden, denn beide Partner kämpfen gegen die vorgeprägten Bilder der früheren Lebensgefährten an und erfahren mitunter direkt eine heftige Reaktion und einen Kommentar auf ihr Tun bzw. Unterlassen, ohne sich der Verfehlungen bewusst zu sein.

Hier gilt es dann einen Schnitt zu machen und zu überlegen, wo die inneren Bilder eine freie Partnerschaft nicht zulassen und wo uns die eigenen Enttäuschungen und Ängste prägen, so dass wir nicht unbefangen auf einen Menschen zugehen können und es ihm erlauben, eine gewisse Zeit des Lebens mit uns zu teilen.

Selbsterkenntnis und Hintergrund

Karo 10 bringt uns zu den eigenen Wurzeln zurück, denn hier liegt bei den Zahlenkarten die höchste Karte der materiellen Welt, dem Element Erde. In der 10 verbinden sich die 1 und die 0 zu einem hohen Wert, dem ersten zweistelligen Betrag. Somit findet man dort nicht nur den Ursprung und den Keim (0), sondern auch den Schöpfergeist und den freien Fluss der Energie (1). Diese Karte macht uns also darauf aufmerksam, dass wir hier auf der Suche nach einem verborgenen Teil (0) unseres Selbst sind. Die Energien und die Lebenskraft sind zwar deutlich spürbar (1), doch worin liegen sie begründet, wo ist der Ursprung unseres Wesens unserer Motivation?

Mit Karo 10 erhalten wir deshalb auch die Aufforderung, uns ein wenig mit uns selbst zu beschäftigen, uns selbst zu erkunden, die eigenen Wünsche und Hoffnungen zu ergründen und auch die Ganzheit und Unverletzlichkeit unseres inneren Wesens zu erfahren.

Konflikte

Der Verlust der Hoffnung, eines Lebenszieles, die Verdrängung der eigenen Wünsche und auch das Unverständnis für die Konsequenz und Offenheit, mit der unsere Mitmenschen ihr Leben und ihr Selbst leben, kann zu Konflikten mit ihnen führen, wenn wir diese Qualitäten bisher nicht in unser Leben einbeziehen konnten. Andererseits sind Rücksichtslosigkeit und Undankbarkeit die Schlagworte, denen man begegnet, wenn die persönlichen Ziele ohne Achtung der Rechte und Wünsche anderer gelebt werden. Bringt man alles harmonisch miteinander in Einklang, wird man dadurch vielleicht sogar zu dem Fels in der Brandung, der anderen Halt und Sicherheit geben kann.

Hoffnungen und Ängste

In die Tiefen seiner Seele und seines Wesens einzukehren, bedeutet eine besondere Herausforderung, denn in den seltensten Fällen wissen wir, wohin das Lebensboot uns treibt. Doch stehen die Zeichen gut, erhofft man sich einen guten Start oder eine glimpfliche Landung am Ufer, ohne durch die Brandung an den Klippen des Lebens zerschmettert zu werden. Der Weg hinaus auf das große Wasser, die Reise in eine unbekannte Welt des eigenen Wesens oder die Landung am Ufer, das Ankern im Selbst gehören zu den ersten Möglichkeiten, die sich uns mit dieser Karte offenbaren. Nicht vor den Ängsten davonzulaufen, sondern sie anzugehen, um sich nicht von kritischen Situationen beunruhigen zu lassen, dies ist die Aufforderung.

Beachtenswert bei der Deutung:

Diese Karte fordert uns immer wieder auf, mit unserer inneren Führung Kontakt aufzunehmen und sich selbst zu fragen, was man möchte und ob es dem eigenen wahren Wesen entspricht. Manche Träume und Hoffnungen müssen deshalb auch mitunter das bleiben, was sie sind. Ohne Hoffnungen und Träume gibt es keine Anreize mehr, sich zu verwirklichen oder irgend etwas zu erstreben. Ein Leben ohne Hoffnung ist das Herabsinken in das Dunkel, es ist das Zerschellen in der Brandung des Lebens. Hier darf man seine Wünsche pflegen und lieben und sich auch immer wieder an sie erinnern. Man sollte sich aber ganz bewusst ab und zu auch mal einen Wunsch erfüllen – aber nur, wenn man sicher ist, dass er wirklich dem entspricht, was man tatsächlich möchte.

Karo Bube
Wahrheit

Grundsätzliche Deutung der Karte:

„Karo Bube" ist die Gerechtigkeit, die Ausgleichung (das Gleichgewicht), die Entscheidung und Urteilsfindung, Schuld und Ent-Schuldigung. Betrachtet man das Schlagwort, mit denen die Karte oben bereits bedacht wurde, dann erscheinen die weiteren Erläuterungen dazu vielleicht etwas verwirrend, ja möglicherweise sogar widersprüchlich. Doch diese Ambivalenz liegt der Karte inne und macht es auch etwas schwierig, ihr gesamtes Spektrum zu erfassen. Die Karte steht in gewissem Sinne für den Verlauf einer Sache, denn für einen entstehenden Zwist wird die Auflösung in Form einer gerechten Entscheidung fällig. Somit finden sich hier die Inhalte der Unstimmigkeit, wie auch ihrer Beseitigung, genau wie die Gerechtigkeit des Abwägens der Argumente beider Seiten bedarf und somit vergleichbar den Waagschalen einer Waage eine Zeit braucht, um sich entsprechend zu tarieren.

Partnerschaft:

In der Vergangenheit hat man wesentliche Aspekte in seiner Beziehung unberücksichtigt gelassen. Dadurch ist die Partnerschaft in ein Ungleichgewicht geraten, denn die Aufmerksamkeiten und Gefühle, die beide Partner einander entgegenbringen, sind nicht ausgewogen. Dies ist der Zeitpunkt, die Augen zu öffnen und gemeinsam zu überlegen, ob das Ungleichgewicht ein gravierendes Maß angenommen hat oder ob es sich um eine kleinere und vorübergehende Unstimmigkeit handelt. Je geringer die Differenz, desto leichter wird es fallen, die Harmonie in der Beziehung wieder herzustellen. Durch ein ehrliches und bewusstes Urteil zur aktuellen Situation lassen sich Mittel und Wege finden, mit denen das gegenseitige Verhalten gesteuert und somit die negativen Tendenzen neutralisiert werden können.

Selbsterkenntnis und Hintergründe:

Im Leben wird es immer wieder notwendig, Situationen zu meistern, in denen man um sein inneres Gleichgewicht ringt. In der Vergangenheit ist man dabei wohl in den meisten Fällen mit heiler Haut davon gekommen.

Manche dieser Situationen kehren dabei scheinbar immer wieder und sobald man diese Regelmäßigkeit zu erkennen vermag, fragt man sich, was man denn aus diesen Geschehnissen für sein Leben zu lernen hat. Dazu gehören auch die vielen karmischen Lektionen, die man zu lernen und zu lösen hat. Wie ein „Wiederholungstäter" durchläuft man immer wieder den gleichen Prozess, um sich in einer Aufgabe prüfen zu lassen.

Deshalb ist es wichtig, über seine Lebensprüfungen nachzudenken und festzustellen, welches die gravierenden Ereignisse waren, wie man sich dabei verhalten und sie erlebt hat und auch, wie man das „Urteil" empfand, wie man also mit dem Verlauf und dem Ergebnis zufrieden oder unzufrieden war. Vergleicht man diese Situationen miteinander und analysiert sie, dann kann man die Parallelen entdecken und erkennen, worin eine der wichtigen Lebensaufgaben liegt. Dann wird man zukünftig ähnliche Situationen für sich besser auflösen können, ohne dabei wieder aus dem Gleichgewicht zu geraten.

Konflikte:

Gerechtigkeit, Selbstgerechtigkeit, Ungerechtigkeit, welchen dieser Wesenszüge verkörpert man hier? Sich selbst und auch anderen gegenüber ehrlich in seinem Urteil zu sein, ist eine wesentliche Aufforderung dieser Karte. Natürlich ist es leichter gerecht zu sein, wenn wir nicht uns selbst die Strafe oder die Belohnung zumessen sollen, denn wohl nur sehr wenige sind in der Lage, auch gegen sich selbst gerecht zu handeln und sich nicht zu bevorzugen.

Aber auch der tägliche Kampf um Gerechtigkeit für sich und die Mitmenschen, sei es als Gewerkschafter, Lobbyist, Rechtsanwalt oder in ähnlicher Funktion, führt aus der Zentriertheit der eigenen Mitte heraus, denn es besteht immer die Gefahr, dass man weiterkämpft, nur um des Kampfes wegen und die Ursache der Auseinandersetzung dabei immer weiter aus dem Blickfeld verliert. An diesem Punkt nun zu verharren und die eigenen Standpunkte zu überprüfen, sich neu zu zentrieren und die Argumente beider Seiten gegeneinander abzuwiegen, hilft, die bestehenden Konflikte aufzulösen.

Hoffnungen und Ängste:

Karo Bube ist die heranreifende Kraft des Materiellen. Die Inhalte dieser Karte und auch ihre Wesenszüge sind noch nicht so ausgereift, wie dies bei der Dame oder dem König der Fall ist. Hier herrscht noch das jugendliche Ungestüm vor. Nach der Ruhe und Ausgeglichenheit, nach der Basis muss erst noch gesucht beziehungsweise darum muss noch gerungen werden.

Dabei ist diese Karte auch mit der Hinwendung auf die eigenen Lebensziele verbunden, denn der Bube versucht hier die Grundlage für die Herrschaft, also für die Beherrschung des eigenen Lebensweges zu legen. Sein jugendlicher Eifer, mit dem er sich auf Herausforderungen stürzt, legt mitunter die Ängste, die die bereits heranreifenden Qualitäten einer „Dame“ oder eines „Königs“ beinhalten, in uns frei.

Beachtenswert bei der Deutung:

Die Wahrheit zu erkennen, bedeutet auch immer, beide Seiten einer Münze zu betrachten und sich darüber klar zu werden, dass es nicht nur die „eine, allgemein gültige Wahrheit" gibt. Mitunter kann es vorkommen, dass jeder von uns seinen Standpunkt vertritt, und aus der objektiven Betrachtung ergibt sich, dass dabei sogar beide Seiten „ihre" jeweiligen Wahrheiten vertreten, obwohl sich diese gegenseitig auszuschließen scheinen.

Vielleicht reicht es hier bereits aus, sich einmal „in den Schuhen des anderen" zu bewegen, um dessen Gedanken und Sichtweise für eine Zeit annehmen und verstehen zu können. Dann kann es geschehen, dass so manche Zwistigkeit nicht mehr so bedeutsam erscheint, da man nun auch die Emotionen und Reaktionen des anderen nachempfinden kann. Dies kann auch bedeuten, dass man die „eigene Wahrheit" nicht mehr als das Maß aller Dinge betrachtet – oder aber auch ein Hinweis darauf sein, dass man sich von der „eigenen Wahrheit" zu weit zu entfernen droht.

Letztlich geht es jedoch darum, für sich einen Standpunkt zu finden, den man vertreten kann, ohne sich dabei auf eine „rein prinzipielle" Haltung zu berufen. Denn das, was man sät, wird man an dieser Stelle auch ernten!

Karo Dame
Alternative

Grundsätzliche Deutung der Karte:

Kaum eine Karte deutet so sehr auf Unentschlossenheit, langwierige Prozesse und Zögerlichkeit hin wie „Karo Dame". Dazu kommt, dass diese Dame immer verlangt, sich für eine (!) von mehreren Möglichkeiten zu entscheiden. Dabei ist es wichtig, die umliegenden Karten genau zu studieren, denn diese geben die Hinweise darauf, welche Wahlmöglichkeiten einem tatsächlich zur Verfügung stehen.

Partnerschaft, Selbsterkenntnis und Hintergründe, Konflikte und auch Hoffnungen und Ängste:

Hier gilt ganz global die allgemeine Aussage der Karte, dass die Lösung dieser Sache eine geraume Zeit in Anspruch nehmen wird.

Die Karte „Karo Dame" ist in diesem Sinne keine analytische Karte, weil sie keine Inhalte anzeigt, sondern nur darauf hinweist, dass man eine Entscheidung zu treffen hat. Alternativ dazu werden mittels der umliegenden Karten die möglichen Wege aufgezeigt, die man beschreiten kann. Welchen man davon tatsächlich auswählt, liegt in der Freiheit der eigenen Willensentscheidung.

Beachtenswert bei der Deutung:

Es fällt nicht immer leicht, in Situationen eine klare Entscheidung zu treffen, deren Auswirkungen wir vielleicht erst dann zu spüren bekommen, wenn wir an diese Begebenheit schon gar nicht mehr denken. Deshalb ist es wichtig, sich die Alternativen genau vor Augen zu führen, die im Umfeld der Karte die Wahlmöglichkeiten verdeutlichen helfen. Mitunter wird es wahrscheinlich notwendig sein, ergänzende Karten zu ziehen oder sogar eine vollständige Befragung an dieser Karte auszurichten. Hilfreich ist es dann, die Fragestellung in etwa so zu formulieren: „Was wird geschehen, wenn ich X mache? Wie wird sich die Situation für mich verändern wenn ich mich für Y entscheide?“ etc.

Doch obwohl „Karo Dame“ auf länger dauernde Prozesse hinweist, sollte man die Entscheidungen, die sie fordert, nicht überhastet treffen, aber auch nicht auf die lange Bank schieben. Auch eine zu früh oder zu spät getroffene Wahl kann letztlich die falsche Alternative sein.

Karo König
Urteil

Grundsätzliche Deutung der Karte

Im Moment läuft alles ganz lässig und locker. Man erreicht seine Ziele, ohne sich groß dafür anstrengen zu müssen. Alles, was die Arbeit betrifft und was mit dem Begriff „arbeiten" zusammenhängt, ist derzeit von Ergiebigkeit. Ob das Geld „arbeitet" oder man Hausarbeiten erledigen muss, alles geht fließend von der Hand, ohne dass es einem in der aktuellen Situation bewusst wird. Mittels seiner Produktivität beherrscht der „Karo König" das Szenario. Er lenkt die materiellen Geschicke und dies tut er mit einer faszinierenden Souveränität. Solche Zeiten sollte man genießen und auch für eine wohlwollende Bestandsaufnahme nutzen.

Partnerschaft

Es wird deutlich, dass die zwischenmenschlichen Beziehungen in der letzten (und auch aktuellen) Zeit sehr fruchtbar waren. Dies bedeutet nicht nur die rein materielle Ebene, sondern auch erfüllende Gefühle und Transformation, die man durch diese Partnerschaft erzielen kann. Der Partner steht zu einem und hilft dabei, die anvisierten Ziele zu verwirklichen. Hier gilt es die Möglichkeiten und Potentiale, die man durch diese Partnerschaft erhält, zu erkennen und zu nutzen.

Der Begriff der Partnerschaft konzentriert sich nicht alleine auf einen Lebenspartner, sondern beinhaltet auch die Beziehungen zu nahen Verwandten, engen Freunden und Wahlverwandtschaften. Ganz unbewusst hat man mit seinen Mitmenschen einen Zustand erreicht, in dem die Gefühle untereinander frei fließen können. Dies wird auch in der nächsten Zeit noch möglich sein, jedoch nur wenn man nicht versucht, aktiv in das Geschehen einzugreifen.

Durch eine entspannte, unverkrampfte Haltung seinen

Mitmenschen gegenüber wird man den Energiefluss aufrechterhalten können. Wenn man aus Verlustängsten heraus jedoch versucht, diese positiven Gefühle festzuhalten und an sich zu binden, wird man das ungehinderte Fließen fast zwangsläufig verhindern. Deshalb: Entspannen und die jetzige Situation genießen!

Selbsterkenntnis und Hintergründe

Carpe diem! Den „Tag zu pflücken" fordert uns „Karo König" auf. Doch gelingt uns das wirklich so einfach? Vielfach erlauben wir es uns nur noch in seltenen Fällen, einmal ganz spontan auf das zu reagieren, was uns an einem Tag so alles begegnet. Wäre es da nicht viel schöner, wenn uns keine unliebsamen Überraschungen mehr unsere Konzepte durcheinander bringen würden? Keine verschobenen Planungen mehr, keine unvorbereiteten Absagen, keine Enttäuschungen. Da planen wir minutiös unseren Tagesablauf, nur um schließlich festzustellen, dass der Tag sich nicht an das hält, was wir uns mühsam für ihn erdacht haben.

Gelassenheit, aber auch eine gewisse Art von „Sichgehenlassen" möchte uns „Karo König" abverlangen. Aus Verspanntheit und Planungswut herausreißen und uns dazu bringen, auf die vielfältigen Möglichkeiten zu blicken, die wir vor lauter starren Planungen gar nicht mehr wahrnehmen können. Erst wenn dieser Zustand des Lockerseins erreicht wird, sind wir auch wieder in der Lage, spontan auf die Dinge zu reagieren, die sich uns meist unverhofft bieten – und dadurch nicht selten eine große Bereicherung zu erfahren.

Konflikte

Man hat mit „Karo König" im Allgemeinen eine gute Verbindung zu seiner inneren Führung, der man es zeitweise intuitiv überlässt, das eigene Leben mitzubestimmen. Doch nicht jeder ist bereit, sich diesen Erfahrungen und Erkenntnissen zu überlassen und mit seinem Selbst, seinem eigenen Wesen Kontakt aufzunehmen. Dieser gestörte Energiefluss hemmt den Austausch zwischen dem Bewusstsein und dem Unbewusstsein, damit wird die Produktivität zur Gier, die Lässigkeit zur Arroganz, das Selbstverständnis zur Intoleranz. Man gerät in Konflikt mit sich selbst und mit seinen Mitmenschen. Erst die Heilung der Verbindung zwischen innerer Führung und Bewusstsein wird erreichen, dass immer wiederkehrende Probleme für die Zukunft zufriedenstellend gelöst werden können.

Die Nachbarkarten – oder ergänzend gezogene Karten – geben Hinweise darauf, in welchen Bereichen wir uns selbst das Leben schwer machen können.

Hoffnungen und Ängste

Man hofft auf Unabhängigkeit, Wohlstand und Selbstverwirklichung, doch im Rucksack schultert man gleichzeitig die Furcht vor Verlusten, Erniedrigung und Ergebnislosigkeit. Jedes Streben nach Vorwärtskommen bedeutet auch ein Herausbewegen aus der bekannten, sicheren Situation. „Lieber der Spatz in der Hand, als die Taube auf dem Dach". Hier scheint es manchmal wichtiger, den bestehenden Status zu bewahren, als sich in die Ungewissheit der Veränderung zu begeben.

Es gilt für sich hier zu überprüfen, wie stark diese Hoffnungen oder Ängste das eigene Leben beeinflussen, denn es besteht die Möglichkeit, dass sie als Basis für weitere Handlungen zu einer Hauptantriebsfeder geworden sind (oder im Begriff sind, dies zu werden). Wenn man die Bewusstmachung solcher Zwänge erreicht, ist bereits der erste Schritt getan, um auf der Lebens-Erfolgsleiter ein paar Stufen höher zu steigen.

Beachtenswert bei der Deutung

Diese Karte zu leben ist nicht ganz einfach, denn hier geht es um die Selbst-Verwirklichung.

Entstehen um uns herum größere Schwierigkeiten, die wir scheinbar für eine Zeit nicht in den Griff bekommen, dann fällt es vielen sehr schwer, sich zurückzulehnen und den richtigen Zeitpunkt zum Handeln abzuwarten. In übereifriger Aktivität wollen wir dann retten, was zu retten ist, und verschlimmern vieles vielleicht sogar noch.

Manchmal wird es jedoch notwendig, genau auf die innere Stimme zu hören, da es Situationen gibt oder Entscheidungen gefordert werden, die sich nicht nach mathematisch-logischen Gesetzmäßigkeiten berechnen lassen, sondern die unseres Einfühlungsvermögens, unserer Empathie und Intuition bedürfen. Dort wo die Definitionen der Gegensatzpaare logisch/unlogisch, wahr/falsch usw. nicht gelten, ist ein Urteil von uns gefordert, das man nicht alleine mit seinem Verstand zu geben vermag.

Karo As
Genuss

Grundsätzliches zur Deutung der Karte:

Wenn es einen günstigen Zeitpunkt gibt, um etwas zu verändern, zu bewirken oder einfach nur zu genießen, dann jetzt. Mit Karo As zeigt sich die Vollendung und die Fülle des materiellen Bereiches, der sich in allen Karo-Karten widerspiegelt. Aus dem Vollen zu schöpfen und mit vielen guten Gaben überhäuft zu werden, ist deshalb der Grundtenor dieser Karte.

Partnerschaft

In den folgenden Tagen kann man die wohlwollenden Gefühle seiner Mitmenschen spüren und genießen, die positiven Emotionen in sich aufnehmen und sie wieder auf die Mitmenschen reflektieren. Erlauben Sie sich, die guten Gefühle des Partners anzunehmen und verhalten Sie sich großzügig. Sie werden feststellen, dass eine Welle von wertvollen und gut tuenden Empfindungen zwischen Ihnen und Ihren Mitmenschen hin und her getragen wird, ohne dass sich ein Fünkchen dieser Energie verliert. Karo As fordert auf, dieses schöne Gefühl sehr genau zu erspüren und zu versuchen, es in sich zu bewahren – auch für die Zeiten, in denen das Licht, die Liebe und die Fülle nicht so stark vertreten sind, wie in diesem Moment.

Konflikte

Wo Licht ist, gibt es auch Schatten und dort wo Fortuna ihre Gaben in großem Maße verteilt, erscheinen auch fast zeitgleich neidische und missgünstige Mitmenschen, die uns den zugemessenen Anteil an Glück und Erfolg nicht gönnen, ja sogar versuchen, es schlecht zu reden oder es zu schmälern. Hier heißt es stark sein und sich von diesen negativen Gedanken und Zielen nicht anstecken zu lassen, sondern zuversichtlich auf dem gewählten Weg zu bleiben, denn noch hält die Glückssträhne an.

Trotzdem sollte man auch das Verhalten der Neider etwas genauer betrachten und hinterfragen, ob und wann man sich vielleicht schon einmal selbst so verhalten hat und anderen nicht gönnte, was sie vielleicht weniger durch ihre Arbeit, als mehr durch Glück erreicht haben. Aus dieser Situation gilt es zu lernen und vor allen Dingen auch das zu genießen, was einem zugefallen ist.

Hoffnungen und Ängste

Die Hoffnung auf „das große Los“ treibt viele Menschen dazu an, ihrem vermeintlichen Glück hinterherzurennen ohne sich tatsächlich darüber im Klaren zu sein, was für sie wirkliches Glück bedeutet und was ihnen in ihrem Innersten das Wichtigste ist.

So baut man sich ein Wunschbild auf, dessen Erfüllung man sich irgendwann einmal erhofft, einen gleichzeitig aber auch ängstigt. So mag man sein halbes Leben lang davon träumen, einmal ein bestimmtes Land zu bereisen oder sich einen besonderen Wunsch zu erfüllen. Ist man dann schließlich in der Situation, das Erhoffte verwirklichen zu können, dann schleichen sich die ersten Zweifel und Befürchtungen ein: „Was ist, wenn es nicht so ist, wie ich es mir vorstelle?!“

An diesem Punkt müssen wir dann zumeist erkennen, dass wir uns davor fürchten, unser schönes Bild, an dem wir viele Jahre in den leuchtendsten Farben gemalt haben, könne der Realität nicht standhalten. Unsere Vorstellungen vom Glück und die Erfüllung des Wunsches sind oft sogar zwei verschiedene Dinge, die sich nicht miteinander vereinbaren lassen. Eine lange erwartete Verabredung wird zur zweitgrößten persönlichen Katastrophe des Jahrhunderts, der Supersportwagen, für den man sein halbes Leben gespart hat, befindet sich mehr in der Werkstatt als auf der Straße usw.

„Karo As“ fragt deshalb sehr vorsichtig an, ob es hier darum geht, einen Wunsch *tatsächlich* in die Tat umsetzen zu wollen oder ob wir uns nicht doch lieber auch weiterhin lediglich in unserer Phantasie mit dem Ersehnten beschäftigen möchten. Wohl wissend allerdings, dass es wahrscheinlich für immer ein schöner Traum bleiben wird.

Beachtenswert bei der Deutung

Nicht immer meint diese Karte einen materiellen Überfluss, der einem zuteil wird. Es kann sich genauso gut um eine Zeit voller Freude und Freunde handeln, man ist unterwegs, hat gute Laune und alles läuft wie von selbst. Die Karte fordert uns also auf, diese Zeit zu genießen und sich nicht zu ängstigen, indem man ständig daran denkt, dass diese Phase einmal vorbeigehen wird. Es geht darum, so viele positive Gefühle in sich zu bewahren wie möglich, damit man in späteren Zeiten immer noch mit Freude an diese vielen beglückenden Geschehnisse zurückdenken kann.

Herz 7
Schwäche

Grundsätzliche Deutung der Karte

Jetzt ist die Zeit für eine Unterbrechung gekommen, die jedoch in aller Regel von keinem der Beteiligten gerne angenommen wird. Es ist nicht die wohlverdiente Ruhe, der Feierabend oder Urlaub gemeint, die Zeit der Entspannung, die man freiwillig gerne für sich nutzt, sondern die unwillkommene Zwangspause, die in einer Situation eintreten kann und alles ins Stocken bringt.

In einem anderen Deutungsaspekt kann diese Karte aber auch für Welt- oder Realitätsflucht stehen. Auch die Hinwendung zu Sucht- und Genussmitteln als Rausch- und Betäubungsmittel kommt mit dieser Karte mitunter zum Ausdruck.

Sie weist auf einen Zustand hin, in dem man stärker Mangel und Verluste empfindet, als zu anderen Zeiten. Am liebsten möchte man sich hier vielleicht wieder in das kleine Kind verwandeln, das bei Mutter oder Vater Schutz und Stärkung sucht.

Partnerschaft

Ähnlich wie in Dornröschens Schlaf, scheint hier auch in partnerschaftlicher Hinsicht etwas in einen Zustand vollkommener Ruhe und Abgeschiedenheit geraten zu sein.

Dabei sollte man genau darauf achten, wie die Ruhe und die angedeutete Erholungsphase nun tatsächlich genutzt werden, beziehungsweise welchen Hintergrund sie haben. Denn es ist schon ein Unterschied, ob man sich mit seinen Gefühlen zu einer erholsamen Ruhe zurückgezogen hat, um seine Energien und Emotionen zu überprüfen und zu regenerieren oder ob man (oder der Partner) den ganz bewussten Rückzug angetreten hat, um der Beziehung(skrise) aus dem Weg zu gehen.

Die Karte fordert deshalb auf, die eigenen Kräfte zu

mobilisieren und aktiv zu werden. Erholung ist wichtig, doch entscheidend ist die Menge. Ein Zuwenig stärkt die Kräfte nicht ausreichend und macht letztlich nicht widerstandsfähig für ähnliche Situationen oder Probleme. Ein Zuviel macht träge und dekadent, und auch hier würde auf lange Sicht eher eine Verschlechterung eintreten, denn eine Verbesserung.

Es geht darum sich klar zu werden, wieviel Ruhe und Abstand man braucht, um wieder Herr über seine Gefühle und Einstellungen zu werden.

Selbsterkenntnis und Hintergrund

Was führt dazu, dass man sich im Moment etwas indisponiert fühlt? Vielleicht hat man in der letzten Zeit etwas zu sehr über seine Kräfte gewirtschaftet und sich mehr zugemutet, als man bewältigen konnte. Oder ist es einfach nur die innere Sehnsucht, nach etwas mehr Ruhe und Frieden in den Phasen heftiger Betriebsamkeit und Konflikte?

Der Körper sendet dann Signale, die zeigen sollen, wo genau die Defizite und wo der Überfluss liegt. Wenn man Appetit auf etwas ganz besonderes bekommt, ist darin meist ein bestimmter Bestandteil enthalten, nach dem der Organismus (oder auch die Seele) in diesem Moment verlangt. Dies können Lebensmittel sein, Düfte, aber auch kompensierende Handlungen, mit denen wir versuchen, uns in bestimmten Zeiten etwas Gutes zu tun.

Ein Zuwenig an den guten Dingen des Lebens kann nun dafür sorgen, dass man sich jetzt unwohl fühlt und sich einfach nur zurückziehen oder sich etwas gönnen möchte.

Ähnlich wie in der Homöopathie sorgt selbst ein Giftstoff in einer sehr geringen Dosierung dafür, dass der Körper Anreize zur Heilung erhält, in einer höheren Dosierung jedoch erfolgt eine regelrechte „Vergiftung“, die den Patienten vielleicht sogar noch stärker erkranken lässt.

Deshalb ist es wichtig zu unterscheiden, wo man bereits

jetzt ganz deutlich ein Zuviel oder Zuwenig in seinem Leben wahrnehmen kann. Dann gilt es, sich in der nächsten Zeit ganz bewusst in diesem Bereich zu heilen. Dabei darf man nicht der Versuchung unterliegen, das Fehlende nun mit Überfluss zu heilen bzw. den Überschuss durch jeglichen Entzug des benötigten Mittels zu kompensieren.

Konflikte

Irgend etwas hat in der letzten Zeit sehr viel Energie geraubt und in Begleitung der Karte „Herz 7" tut man sich schwer, diese zu erneuern. Man empfindet das nicht nur innerlich, sondern man verlangt die fürsorgliche Pflege, die man zur Regeneration benötigt, von seinem Umfeld. „Kümmert euch um mich!" scheint die versteckte Aufforderung zu bedeuten. Aber nicht jeder ist bereit, seine Gefühle, Kraft und Zeit zu opfern, um diese Hilfestellung auch tatsächlich zu geben. Dies mag nun mehrere Ursachen haben. Zum einen, weil unsere Mitmenschen mit sich selbst so beschäftigt oder bereits in großem Maße ausgelastet sind, dass sie tatsächlich keinerlei Möglichkeiten haben, uns zu unterstützen. Zum anderen, weil wir es vielleicht sogar auf eine beinahe erpresserische Weise einfordern, und zwar nicht mit Worten, sondern uns hinter Schwäche und Unpässlichkeit verstecken, um dadurch Aufmerksamkeit zu erlangen.

Ein solches zwischenmenschliches Verhältnis beruht nicht auf Fairness und Offenheit, sondern auf einem erzwungenen Mitgefühl, das letztlich für beide Parteien belastend sein muss. Von Pearl S. Buck stammt der Spruch „Dienen ist schön, aber nur, wenn man es freudig und aus freiem Willen tut". Hier handelt es sich jedoch mitunter schon fast um eine seelische, emotionale oder moralische Nötigung, die keine Basis für ein freiwilliges Handeln darstellt. Dass dies auf lange Sicht zu Konflikten führen wird, ist dabei wohl offensichtlich. Deshalb sollten Situationen, in denen man sich so verhält, möglichst bald bereinigt werden.

Hoffnungen und Ängste

Eine Krankheit führt uns nicht nur die Grenzen unseres Körpers vor Augen, sondern auch die der eigenen psychischen Belastbarkeit und die Auswirkungen, die ein psychisch-physisches Ungleichgewicht mit sich bringen kann.

Doch so wie jeder Gesunde latent den „Keim der Krankheit" in sich trägt, so verfügt die Krankheit über den „Keim der Gesundheit", indem sie in sich bereits die Chance zur Heilung trägt. Wie bei den Kinderkrankheiten, gegen die wir immun werden, wenn wir uns einmal mit ihnen infiziert haben, wachsen wir auch an den „Krankheiten unseres Lebens".

Wenn man die vielfältigen belastenden Situationen durchgestanden hat, wird man resistent gegen ähnliche Probleme, und selbst wenn zunächst kleine Narben zurückbleiben sollten, kann man davon ausgehen, dass die Zeit alle Wunden heilt.

Beachtenswert bei der Deutung

Die Karte bedeutet eine Zeit der Niedergeschlagenheit, der Schwäche und des Sich-nicht-Wohlfühlens. Dies kann organische Ursachen haben, ist im Deutungsbereich dieser Karte für sich aber eigentlich nicht relevant, denn für diese Fälle sind Ärzte und Heilpraktiker die richtigen Ansprechpartner.

Trotzdem wurde in den nachfolgenden Deutungshinweisen unabhängig von einer organischen Störung der Begriff „Krankheit" verwendet, weil er als allumfassender Ausdruck die tendenziellen Inhalte am besten widerspiegelt. Man sollte auf jeden Fall mit weiteren gezogenen Karten erforschen, woher die „Krankheit" stammt, d. h. wo ihre Ursachen liegen. Erst dann wird man in der Lage sein, mit seiner inneren Führung die richtige „Medizin" zusammenzustellen.

Herz 8
Gewissen

Grundsätzliche Deutung der Karte

„Sich-selbst-bewusst-Sein“, ist ein Zustand, den man gerne verwirklicht sieht. Doch beinhaltet dieses „Bewusstsein“ auch gleichzeitig die „Bewusstheit“, dass man nicht nur die goldstrahlende Lichtgestalt ist, sondern auch über dunkle Schattenseiten verfügt. Zu gern versuchen wir, diese zu übertünchen oder zu verstecken, sogar vor uns selbst. Die Karte bezeichnet daher die erste Ahnung, dass es in uns Orte gibt, an denen die eigenen Sehnsüchte und Ängste, die Schwächen und unaufbereiteten Konflikte jahrelang aufbewahrt werden, um auf den Tag zu warten, an dem man in die dunklen Gefilde hinabsteigt, um sich diesen Aspekten zu widmen.

In dieser Karte zeigt sich jedoch noch nicht der Aufbruch in die Tiefen der Seele, sondern der aufkeimende Gedanke, das erste, intuitive Heraufdämmern unbeachteter Elemente. Doch gerade eine solche Situation erzeugt zumeist ein Gefühl der Spannung und Ungewissheit. Bisher glaubten wir doch, uns selbst gut zu kennen und unser Leben im Griff zu haben und auf einmal tauchen Geschehnisse und Situationen aus der Vergangenheit empor, die uns zeigen, dass wir vielleicht doch nicht so sind, wie wir uns lange Zeit gesehen haben. Wir werden konfrontiert mit unseren Schattenseiten und stellen fest, dass wir damit auch den vermeintlich sicheren Halt zu verlieren drohen.

Hier wird es nun bedeutend, wie wir mit den Eigenschaften und Begebenheiten umzugehen lernen, die uns nicht so angenehm sind. Karo 8 bedeutet den Aufbruch dorthin, doch mit der Karte beginnt gerade erst einmal der Prozess der Bewusstmachung.

Partnerschaft

Man macht sich Gedanken über die bestehende Beziehung. In dieser Phase spürt man die Auseinandersetzung mit den eigenen tiefsten diffusen Sehnsüchten, Bedürfnissen und Ängsten, doch es sind noch keine greifbaren Gefühle oder Gedanken. „Lieber allein, als zweisam einsam?!" Die Karte bezeichnet eine Situation, in der man sich nicht darüber im Klaren ist, ob man nun tatsächlich lieber alleine wäre oder ob man mit dem Partner zusammen bleiben bzw. die Partnerschaft eingehen soll. Häufig finden sich in Begleitung von Herz 8 Kompromisse, die man zugunsten einer Beziehung macht. Man muss sich aber fragen, ob man mit oder ohne Partner besser zurecht käme.

Herz 8 darf auf der anderen Seite nicht als „Alibi" dienen, nun in einer scheinbar konsequenten Handlung den Partner kurzerhand vor die Tür zu setzen! Hier gilt es erst einmal die eigenen Bedürfnisse und die des Partners genau abzuklären und festzustellen, ob die Beziehung über eine solide Basis verfügt. Erst dann sollten weitere Schritte im Sinne dieser Analyse erfolgen.

Selbsterkenntnis und Hintergrund

Mit dieser Karte betritt man den Flur seines eigenen Wesens, um von dort aus die Fülle der einzelnen Räume zu betreten, in denen sich die verschiedenen Aspekte unserer Persönlichkeit aufhalten. Es gibt ein Zimmer für Sehnsüchte und Träume und ein Zimmer für die Ängste, für die Hoffnungen, für unser Ego, für die Ambitionen, die Talente, und all die vielseitigen Rollen und Verhaltensweisen, in die wir Tag für Tag schlüpfen.

Selbstverständlich verhalten wir uns in unserer Kindrolle ganz anders, als in der Rolle des Erwachsenen und/ oder Erziehungsberechtigten, wir verhalten uns als Untergebener in der Hierarchie vielleicht ganz anders denn als Vorgesetzter und Übergeordneter.

Manchmal fordern wir von unseren Mitmenschen eine bestimmte Verhaltens- oder Denkweise, die wir selbst aber gar nicht erfüllen können.

Daher ist es interessant und auch sehr hilfreich, wenn wir uns auf eine Reise in die einzelnen Zimmer unserer Seele und unseres Wesens begeben und wie *Scrooge* im Weihnachtsmärchen von Charles Dickens aus einer entfernten Warte betrachten, wie unsere Handlungen und Taten Einfluss auf das Leben unserer Mitmenschen und auch auf den eigenen Werdegang haben. Mitunter entdeckt man gerade auf einer solchen inneren Reise Wesenszüge, die man vorher nicht kannte oder zumindest nicht beachtet hat. Das, was man dann noch braucht, ist ein wenig Ehrlichkeit sich selbst gegenüber, aber auch eine Portion Selbstironie, um damit auf eine mehr humorvolle Weise umgehen zu können.

Konflikte

Über die seelisch-emotionalen Stolpersteine des Lebens werden wir immer wieder fallen, wenn wir uns nicht die Mühe machen, sie aufzuheben und ganz bewusst zu entsorgen.

Verdrängte Ängste und Sehnsüchte treiben uns dann zu einem bestimmten, ja fast schematischen Handeln an, doch über den Hintergrund des eigenen Tuns ist man sich dabei nicht bewusst.

So bleibt die dahinter steckende Motivation aber nicht nur für einen selbst verborgen, sondern auch für die Mitmenschen, welche in der Regel nur die Auswirkungen zu spüren bekommen. Bisher war man deshalb wahrscheinlich weder dazu in der Lage, sein Verhalten zu erklären, noch es abzuschalten, da man sich dieser Ursprünge noch nicht bewusst war. Schwierig ist auch, dass die lieben Mitmenschen für unser in ihren Augen teils sonderbares Verhalten nur in den seltensten Fällen Verständnis aufbringen. So reagiert man also nicht nur im eigenen Unverständnis der Hintergründe, sondern fühlt sich zudem auch noch von aller Welt unverstanden. Von dem gekränkten Rückzug bis hin zum wutschnaubend ausgetragenen Konflikt kann sich dieses zwischenmenschliche Missverstehen dann abspielen.

Es wäre zu überlegen, ob man nicht doch erst einmal versucht, an den eigenen Ecken und Kanten zu feilen und sich Motivation, Handlung und Wirkung bewusst zu machen, bevor man beginnt, die vielen Menschen aus dem Umfeld der eigenen Persönlichkeit anzupassen und von allen anderen Verständnis und Mitgefühl zu erwarten.

Hoffnungen und Ängste

Die Reise hinab in die Seelengefilde zu unternehmen bedeutet, eine große Herausforderung anzunehmen, denn damit ist sehr häufig die Auflösungsangst verbunden, die Furcht, nicht mehr aus den Tiefen der „Unterwelt" zurückzukehren.

Vielfach helfen bei einem solchen Weg die Erzählungen um die antiken Helden der griechischen Sage oder die mythologischen Darstellungen beispielsweise der Edda weiter. Dort findet man die Überlieferungen des Abstiegs in die Unterwelt, den fast jeder Heros als Lebensaufgabe zu bewältigen hatte. Freiwillig über die Lebensschwelle (Bewusstsein) in das Seelenreich (Unbewusstes) zu treten bedeutet, den bis dahin gelebten und bekannten Menschen „aufzulösen" und durch die intensiven Erfahrungen in der Anderswelt wesentlich reicher und bewusster(!) wieder ans Licht heraufzusteigen.

Man verändert sich mit dieser Karte, doch tut man dies in einer erfüllenden Weise, die einem Reife und Kraft verleiht. Mit dieser Karte verbindet sich deshalb außer der Angst vor Befürchtung des So-nicht-mehr-Seins auch die erfüllende Hoffnung auf die Läuterung des eigenen Wesens und letztlich auf ein befreiendes Erlebnis, das einen zu einem Leben ohne Befangenheit und Zwänge führt.

Beachtenswert bei der Deutung

Es besteht keine Veranlassung, sich große Sorgen zu machen, denn man erlebt jetzt eine Phase, in der man von seiner inneren Führung kleine Signale erhält, die man nun auch zu beachten in der Lage ist. Das Gewissen meldet sich hier wie ein Spiegel, der, so sagte bereits Christine von Schweden, der einzige ist, der weder betrügt noch schmeichelt.

Man beginnt nun erst einmal seine Aufmerksamkeit darauf zu richten und somit steht diese Karte eher auch für die Neugierde, sich mit diesen bisher unbekannten Aspekten auseinanderzusetzen. Man hat nunmehr die Chance, den Wandel in sich freiwillig und milde zu vollziehen.

Herz 9
Objektivität

Grundsätzliche Deutung der Karte

Man erhält die eigenen Gefühle betreffende Nachrichten, die einen berühren. Im Zusammenhang mit diesen Nachrichten kann es geschehen, dass sich die Emotionen im ersten Moment selbständig machen und man vom Inhalt der Neuigkeiten schier überwältigt wird. Diese Karte steht für allgemeine Informationen, so dass man deren Inhalte mit weiteren Karten genauer definieren muss. Dabei wird auch ersichtlich, ob die Botschaften in einem eher positive oder negative Gefühle auslösen. Nur ganz am Rande schwingt dann die überaus wichtige Frage mit „Was ist es denn tatsächlich, das mich daran so betroffen macht?"

Partnerschaft

Emotionen bedürfen, um uns Menschen zum großen Glück zu verhelfen, der Möglichkeit, ganz frei zu fließen. Daher macht auch Hoffen und Harren so manchen zum Narren, dies weiss bereits ein altes Sprichwort. Im englischsprachigen Raum wird gerne der „early bird" bemüht, der als einziger in der Lage ist, sich in der Frühe den Wurm zu fangen. Und inhaltlich verhält es sich mit dieser Karte in Bezug auf Partnerschaften und Beziehungen ähnlich.

Nachrichten und Informationen erhalten wir in vielfältiger Weise aus unserem Umfeld. Manchmal sind diese Hinweise und Botschaften klar und deutlich formuliert, doch mitunter erhalten wir sie auch in versteckten Andeutungen und Fingerzeigen.

Plötzlich beginnt dann eine Saite in uns zu klingen, wir werden nervös, verliebt oder vielleicht sogar das genaue Gegenteil davon, nämlich ablehnend und aggressiv. Das Gefährliche an diesen „Hinweisen durch die Blume" ist, dass der Gegenüber nicht empfänglich genug für unsere blümerante Sprache ist. Zu undeutlich oder sogar missverständlich mögen die Andeutungen sein und dadurch beim anderen zu Irritationen führen. Dann wird es notwendig, auf jeden Fall das offene und klärende Gespräch zu suchen, anstatt auf unbestimmte Zeit, wie bei einem Puzzlespiel, auf weitere versteckte Anspielungen zu warten, die die ganze Situation vielleicht eher noch verwirren, als die Wahrheit aufzudecken – auch wenn diese vielleicht nicht immer angenehm ist.

Selbsterkenntnis und Hintergründe

Wie geht man mit Nachrichten um, die einen unvorbereitet ereilen? Manche Menschen neigen in solchen Momenten zur emotionalen (Über-) Reaktion. Dies weist zumindest darauf hin, dass wir Hoffnungen und Sehnsüchte oder Ängste und Scham unterdrückt haben, wie vielleicht auch die Gefühle der Zuneigung oder Ablehnung. Auf die Dauer erzeugt das einen inneren Druck, der sich in einer besonderen Situation dann mitunter explosionsartig entlädt, weil der freie Energiefluss so lange blockiert war. Doch auch das ganz geschickte und bewusste Einsetzen von Emotionen gehört dazu. Vielleicht neigt man gar dazu, andere mit den eigenen Gefühlen und Bedürfnissen zu erpressen, indem man beispielsweise plötzlich erkrankt, wenn ein angekündigter Besuch nun doch nicht stattfinden soll.

Diese Karte gibt dazu auch Hinweise auf Selbstmitleid. Doch anstatt sich aus dieser Situation zu befreien, verharrt man darin. Manchmal ist es eben einfacher, den Märtyrer zu spielen, als sich aufzuraffen und ein Held zu sein. Doch wie würden wir mit einer solchen Information umgehen, wenn wir uns mit einem derartigen Wesenszug konfrontiert sehen?

Auch Klatsch und Tratsch finden sich im Gepäck dieser Karte. Ob man ihn nun selbst verbreitet oder von ihm betroffen ist.

Konflikte

„Beim Ratgeben sind wir alle weise, aber blind bei eigenen Fehlern" – alte Sprüche, wie dieser von Euripides, verkörpern hervorragend die Inhalte der Karte Herz 9, denn sie beinhalten, was wir bereits seit manchmal vielen Jahrhunderten quasi an Wissen mit uns herumschleppen, ohne es jedoch für unser tägliches Leben auf der intellektuellen oder emotionalen Seite umzusetzen.

Wir sehen die Fehler, die andere machen, erklären unseren Mitmenschen, wo ihre Schwächen und Denkfehler liegen, jedoch machen wir uns kaum die Mühe, nach dem berühmten „Balken im eigenen Auge" zu suchen, da wir nur den „Splitter" bei den anderen sehen.

Doch klar, wer reagiert nicht sensibel darauf, wenn uns kluge Mitmenschen ständig weise Ratschläge erteilen, beispielsweise darüber, wie man sich benehmen darf und wie nicht, selbst aber ständig und überall wegen ihres Missverhaltens auffallen? Wer Maßregelungen erteilt, ohne darum gebeten worden zu sein, wird sich irgendwann selbst welche einhandeln, solange er es an Objektivität fehlen lässt und sich nicht darum bemüht, sich selbst zu kurieren.

Niemand ist perfekt, doch sollten wir auch nicht versuchen, aus unseren Mitmenschen den perfekten Menschen zu machen, den wir selbst nicht verkörpern können.

Hoffnungen und Ängste

Diese Karte verkörpert einen sehr emotionalen Menschen, der in der Lage ist, sich in die Denk- und Fühlweise anderer hineinzuversetzen. Die mehr intuitiven Kenntnisse über Ursache und Wirkung von Gefühlen lassen einen dann schnell erkennen und erspüren, was im Gegenüber vorgeht. Gerade da man seine Emotionen in einer solchen Bandbreite empfinden und ausleben kann, hat man besondere Angst davor, mit den unangenehmen Seiten konfrontiert zu werden. Gefühle wie Zorn, Trauer, Furcht, Ekel oder Scham werden zu „kleinen Höllen“ im Leben. In der Liebe, der Freundschaft und den vielfältigen positiven Situationen und Emotionen erlebt man hingegen die Sonnenmomente ganz intensiv.

Gerade diese Emotionalität macht jedoch auch empfindsam für alle Neuerungen, denn sie bedeuten gleichsam auch immer eine Veränderung der gefühlsmäßigen Stabilität.

Beachtenswert bei der Deutung

Die erste und entscheidende Frage ist hier grundsätzlich, welchen Inhalt die Nachrichten haben, die man erhält – und vor allen Dingen, wie man damit umgehen kann. Die Nachbarkarten werden dabei helfen, etwas Genaueres zu erfahren, doch wenn man nicht ganz sicher ist, kann man einige ergänzende Karten zu dieser Frage ziehen.

Wichtig ist, dass man sich selbst oder Dritte, für die man die Karten legt, nicht mit „drohenden, unheilvollen Nachrichten“ erschreckt. Inhaltlich ist es daher wichtig, sich bewusst zu machen, dass hier eine Zeit anbricht, in der man Chancen für eine persönliche Weiterentwicklung erhält, wobei man die Mittel zur Problembewältigung immer in sich trägt. Es gilt nur, sie sich selbst bewusst zu machen und richtig zu benutzen.

Herz 10
Ordnung

Grundsätzliche Deutung der Karte

Die innere Stimme meldet sich und versucht, den rechten Weg zu weisen. Nicht immer ist es einfach in einer Situation zu entscheiden, wie man sich weiter verhalten soll und manchesmal benötigt die Fortführung einer Sache auch starke Energien und Selbstdisziplin, um alles wieder zur göttlichen Ordnung zu führen. Lasse dich leiten und lerne wieder auf dein wahres Ich zu hören, denn es gibt kaum einen besseren Ratgeber für sich, als das Selbst es sein kann.

„Der Anfang ist es, der dem Menschen fehlt. Nicht, dass es so schwer wäre, ihn zu finden – nur die Einbildung, ihn suchen zu müssen, ist das Hemmnis"* Wer hier zu viele Pläne macht, anstatt sich seiner inneren Führung zu überlassen, wird sich von der Ordnung mehr entfernen, als ihm lieb ist.

Partnerschaft

Diese Beziehung ist etwas mehr vom Verstand als von Gefühlen geleitet. Bisher hat dies auch sehr gut funktioniert, doch bisweilen schleicht sich schon einmal das Empfinden ein, dass in dieser Partnerschaft etwas fehlt.

Dem Partner zu vertrauen und sich seinem Schutz zu überlassen bedeutet auch, sich selbst ein wenig aufzugeben, denn erst wenn man sich von seinem eigenen starren Ich etwas gelöst hat, kann man sein Wesen und seine Seele in die Hände derer geben, die uns wohl gesonnen sind.

Doch Vertrauen ist eine Sache, die sich nicht alleine mit dem Verstand, mit dem Logos, berechnen lässt. Vertrauen zu haben bedeutet auch, ein Gespür dafür zu besitzen, wer unserer Gefühle wert ist und bei wem wir uns sicher und geborgen fühlen können. Es gibt Menschen, die einem die-

*Gustav Meyrink

ses Gefühl bereits im ersten Augenblick vermitteln können und bei anderen benötigen wir vielleicht Monate oder Jahre um Zutrauen zu ihnen zu gewinnen. Bei manchen schaffen es ein Leben lang nicht.

Ordnung und Struktur in eine Beziehung zu bringen, ist die Aufforderung dieser Karte. Nur wenn beide Partner gemeinsam an diesem Ziel arbeiten, lässt sich dies auch verwirklichen.

Selbsterkenntnis und Hintergründe

Man ist bestrebt, alles im Leben in Ordnung zu bringen und geht dabei manchmal etwas militant gegen sich selbst und auch gegen seine Mitmenschen vor. Man stellt Regeln und Prinzipien auf, die nicht verletzt oder gebrochen werden dürfen. Viele dieser Manifeste wurden im Laufe des Lebens errichtet und haben die Jahre überdauert, ohne noch einmal hinterfragt worden zu sein, weil sie einen vermeintlichen Schutz versprechen.

So kann man sich bis an die Zähne bewaffnet hinter einer Festung verschanzen, damit man für den Rest der Welt unangreifbar ist. Doch vor lauter Furcht vor Bedrohung hat man in der letzten Zeit etwas zu häufig „mit Kanonen auf Spatzen geschossen". Die erstmals lockeren Regeln sind zu radikalen Gesetzen geworden, die einem selbst jeden Freiraum nehmen. All diese Prinzipien wollen nun überprüft werden und man sollte sich von denen trennen, die man nicht mehr braucht, weil sie einem nicht mehr entsprechen.

Doch auch das andere Extrem lässt sich hier finden, nämlich die absolute Regellosigkeit, die Anarchie im Denken und Handeln. Solange dies nicht zu Lasten anderer geschieht, ist dagegen nichts einzuwenden Doch wenn diese Zügellosigkeit dazu führt, dass wir unsere Mitmenschen mit zusätzlichen Arbeiten oder Problemen belasten, ist hier mehr Selbstdisziplin erforderlich.

Konflikte

Mit Disziplin und Gehorsam lässt sich sicherlich einiges im Leben erreichen, doch heisst dies nicht auch zwangsläufig, dass man andere in das kalte Wasser schubst, damit sie schwimmen lernen, denn dies ist nicht die einzige Methode, wie man es jemandem beibringen kann.

Durch die eigenen durchgestandenen Strapazen und Schwierigkeiten vergisst man dann mitunter schon einmal, dass es auch für uns Zeiten gab, in denen wir von dem Wohlwollen und der Milde anderer profitiert haben. Auszeichnungen und Ehrungen sind nicht immer ein eigener Verdienst, sondern auch das Resultat der Gemeinschaft, die diesen Willen, ein Ziel zu erreichen, gefördert hat oder das Ergebnis mit ihrer Akzeptanz trägt. Denn die schönste Heldentat nützt nichts, wenn wir dadurch nichts bewirken können.

Dekadenz und Überheblichkeit sind die dunklen Aspekte dieser Karte, die einen in der einen oder anderen Form immer wieder in Konflikt mit seinem Umfeld bringen. Hier gilt es dann zu ergründen, warum man versucht, sich stolz gegen andere abzugrenzen – und wo es schwer fällt, auch einmal demütig und ruhig zu sein.

Hoffnungen und Ängste

So wie Mikrokosmos und Makrokosmos durch ihre jeweils gültige Ordnung im Einklang sind, so bringt auch diese Karte zum Vorschein, dass man in sich nach dieser göttlichen Planmäßigkeit sucht und auch sein Umfeld in diese Systematik mit einbeziehen möchte. Die Hoffnung darauf, dass alles durch weise Fügung und natürliche Ordnung wieder ins Reine kommt, trägt man unbewusst in sich. Doch auch die Angst vor dem Chaos ist präsent. Nämlich die Furcht vor der zum einen „absoluten“ Unordnung in Form der anarchistischen Unter-Ordnung, die notwendige Regeln entbehren lässt, zum anderen aber auch der tyrannischen Über-Ordnung, die jedes Individuum über die Massen einschränkt und jeden Freiraum nimmt.

Beachtenswert bei der Deutung

Die Karte steht nicht alleine für einen selbst und die eigene Ordnung, sondern sie verkörpert auch nahestehende Freunde, Verwandte und wohlgesonnene Personen. Hier wird es dann interessant zu erfahren, ob es mehr der Schutzaspekt der Karte ist, den man durch andere verkörpert sieht, oder mehr die Ordnung der Dinge, mit der man in Konflikt gerät.

Herz Bube
Einheit

Grundsätzliche Deutung der Karte

Man hat allen Grund zu hoffen, denn eine emotionale Hochphase zeichnet sich ab, in der man auch vor den kleinen Widrigkeiten abgeschirmt wird. Wir haben in solchen Zeiten einen guten und treuen Beschützer, unser Selbst, das darauf Acht gibt, dass für uns alles zum Besten steht. Doch auch unsere Mitmenschen sind in einer solchen Phase auf unser Wohlergehen bedacht, da auch sie es genießen, in die vielen positiven Geschehnisse und Gefühle mit einbezogen zu werden.

Partnerschaft

Himmelhoch jauchzend erlebt man im Moment eine Zeit harmonischer Einigkeit mit sich selbst und seinen Mitmenschen. Man fühlt sich rundum glücklich und geborgen und hat kaum noch Augen für etwas anderes, denn jetzt ist alles andere unwichtig, weil nur die Partnerschaft/Freundschaft zählt. Man ist bereit, die Liebe und Freude durch sich hindurch strömen zu lassen und diese als reine Energie an den Partner und die Menschen, die einem so viel bedeuten, weiterzugeben.

Wenn man bisher noch nicht in einer festen Beziehung ist, deutet alles darauf hin, dass man sich gerade jetzt für die positiven Gefühle seiner Mitmenschen öffnet und so vielleicht auch den Partner fürs Leben findet.

Selbsterkenntnis und Hintergrund

Man ist eins mit seinem Wesen, seinem Selbst und dem Universum. Und man genießt es hinabzutauchen in den Quell, der alles Lebendige mit seiner Liebe speist, um die Mysterien des Lebens zu entdecken. Es ist die gelungene Verbindung zwischen Geist, Körper und Seele, die man im Moment erfährt und durch diese gelangt man zur Erkenntnis über sein wahres Ich. Dinge, die für einen emotional nicht immer vereinbar waren, sieht man jetzt in einem anderen Licht. Man erkennt, dass diese Gegensätze zueinander gehören, ja sich teils auch bedingen, und man lernt dies zu akzeptieren.

Diese Phase sollte man nutzen, um etwas mehr über sich und seine Mitmenschen zu erfahren, denn jetzt ist die Zeit, in der man sich liebevoll mit seinen eigenen Stärken und Schwächen beschäftigen kann, um diese zu analysieren und zu einem gesunden Ganzen zu finden.

Konflikte

Es gibt im Zusammenhang mit dieser Karte wenig Schattenseiten, mit denen man sich auseinandersetzen muss. Man ist jetzt eher bereit, die positiven Gefühle fließen zu lassen und sie mit anderen zu teilen – und dies ist mit der einzige Ansatzpunkt, der damit auch zu Konflikten führen kann. Sei es, dass man seine Gefühle auf einen bestimmten Menschen gerichtet hat, der bereits mit einem anderen Partner zusammenlebt oder für einen kein Interesse zeigt. Damit können aber auch die missgünstigen Gefühle anderer verbunden sein, die einem eine frohe Zeit voller Liebe und Harmonie nicht gönnen.

Wenn unsere Gefühle nicht erwidert werden, schmerzt das sehr. Doch mit „Herz Bube" zusammen kann man auch versuchen, Verständnis für diejenigen zu entwickeln, die in ihren Gefühlen nicht frei sind.

Auch die Übersteigerung von Besitzdenken oder Sexualität können uns daran hindern, das reine Gefühl der Liebe und die Sympathie frei fließen zu lassen.

Deshalb ist es wichtig darauf zu achten, wieviel Zuneigung und Zärtlichkeit und wieviel Nähe unsere Mitmenschen verarbeiten können. Man sollte seine Liebe auch nicht überschwenglich verteilen, sondern nur soviel geben, wie man selbst von anderen annehmen möchte, denn erst dann erreicht man ein Gleichgewicht der Kräfte.

Hoffnungen und Ängste

Die Gefühle einer reinen, bedingungslosen Liebe zu empfinden, heisst auch, sich selbst mit der eigenen Offenheit und Verletzlichkeit zu erleben. Die Besorgnis, dass wir in diesem Moment ein leichtes Ziel für jemanden abgeben, der uns weh tun möchte, entspringt dabei mehr unserem entsetzten und unsicheren Ego, welches nicht dulden will, dass es die Kontrolle über das innere Wesen verliert, wenn wir ganz eins sind mit der Welt, und deshalb mit Ängsten und Zweifeln zu klammern beginnt. Die Furcht vor der Auflösung und der Verwundung treibt einen hier vielleicht dazu an, sich abzugrenzen, zu isolieren, um den verletzlichen, weichen Kern zu schützen, obwohl alles in einem sich danach sehnt, sich zu strecken und dem Licht und der Wärme entgegenzustreben.

Die Hoffnung auf erfüllende Liebe und die Beziehung zu der Person oder dem Lebensinhalt der uns wichtig ist (dies kann auch der Beruf o. ä. sein) ist vollkommen berechtigt. Dazu muss man sich für die guten Dinge des Lebens öffnen und die Energie frei fließen lassen, damit einem das Selbst Tür und Tor öffnen kann.

Beachtenswert bei der Deutung

Es geht hier in erster Linie um uns selbst und um die eigenen Gefühle, um die Angelegenheiten, die uns am Herzen liegen. Damit ist nicht nur ein Lebenspartner gemeint, sondern alles, dem man sich öffnen möchte und für das man einen Platz im Leben vorgesehen hat.

Die Karte verheisst nicht unbedingt den „großen, unbekannten Geliebten, dem man am nächsten Tag auf der Straße begegnen wird“, sondern bezieht sich vordergründig erst einmal auf die Wünsche und Sehnsüchte, nach denen man im Leben strebt, womit man sich verbinden möchte.

Herz Dame
Wandlung

Grundsätzliche Deutung

Mit „Herz Dame" begegnet uns hier eine „Powerfrau", die alles und jeden in Bewegung hält. Wie in einem Strudel wird man beinahe mitgerissen und muss sich darum bemühen, in dem Sog der Veränderungen noch halbwegs Halt zu finden, beziehungsweise sich dem Rhythmus des Geschehens anzupassen.

Vielleicht ist diese ganze Situation auch der entscheidende Faktor, seine eigenen Veränderungen durchzuführen. Man überlegt, welche sinnvollen Reformen man im Leben durchführen kann und muss, um neue Energie in die Lebensbereiche zu lassen, die in der letzten Zeit zu sehr vernachlässigt wurden. Man erkennt instinktiv, dass dazu manchmal gravierender Wandel notwendig ist, der dann, wenn auch nicht immer leichten Herzens, jedoch zum positiven Ergebnis führt.

Partnerschaft

In die bestehende Beziehung zu Menschen, die man liebt, kommt frischer Wind. Es liegt jetzt an einem selbst, ob man ihn zu einer leichten Brise werden lässt, die den Beziehungsstaub ein wenig aus den Ecken fegt oder ob man es zulässt, dass sich hier ein Taifun austobt, der beide Partner in zwei vielleicht absolut gegensätzliche Richtungen führt.

Die Veränderung zeigt einen Wandel in der Beziehung an, dessen grundsätzliche Tendenz eine positive Transformation bestehender Emotionen und Verbindungen auf eine höhere Ebene ist. Doch auch die Verbindung von Gegensätzen zu einer synergetischen Einheit wird hier möglich.

Selbsterkenntnis und Hintergründe

Man ist im Begriff, seine Koffer zu packen und seinem Leben eine grundlegende Wendung zu geben. Man hat den

Eindruck, sich in einer unbefriedigenden und verspannten Situation zu befinden, in der man nicht verbleiben kann. Doch zunächst scheut man noch den Sprung in das kalte Wasser und lässt sich vor den unbekannten Wagnissen schrecken. Wenn man sich dann irgendwann durchringt, seine Überlegung in die Tat umzusetzen, geschieht dies meist sehr geradlinig und konsequent. Auch alte Brücken reißt man dabei hinter sich ab, so manches Mal ohne dabei mit einer Wimper zu zucken. Es soll aber auch schon vorgekommen sein, dass man einen Koffer zurückgelassen hat, um einen Grund zu haben, noch einmal zurückzukehren.

Konflikte

Wie oft und wie hastig hat man im Leben bisher bereits Veränderungen durchgeführt? Einem Außenstehenden kann unser Leben dann erscheinen, als wäre man vor irgend etwas auf der Flucht. Im Kern mag dies bisweilen auch stimmen, denn die Angst vor Konflikten, Emotionen, Bindungen oder ähnlichem treibt manchen dazu, sich unangenehmen Situationen zu entziehen und sich aus dem Staub zu machen, bis die Luft wieder rein ist. Doch gerade diese Haltung erzeugt Probleme mit dem Umfeld, denn eine solche Konfliktscheu und Bindungsangst wird nicht immer toleriert.

Mit der kraftvollen und energiereichen „Herz Dame" wird man Mut und Kraft finden, um die Situationen und Begebenheiten anzugehen, denen man bisher ausgewichen ist. Auch so vollzieht sich ein Wandel, der eine Veränderung in uns bewirkt, wenn wir uns mutig trauen, auch einmal über den eigenen Schatten zu springen und damit auch den Zweiflern an uns zu begegnen.

Hoffnungen und Ängste

Man hat die berechtigte Hoffnung auf eine positive Veränderung der bestehenden Situation und dies macht sich sehr angenehm bemerkbar. Auf der anderen Seite hegt man jedoch Vorbehalte gegen die damit verbundenen bereits bekannten Neuerungen aber noch viel mehr gegen die unbekannten, die dieser Wandel zwangsläufig mit sich bringt. Bestehende Sicherheit, der Freundeskreis, die Wohnung, Partnerschaften, aber auch Finanzen und vieles mehr unterliegen im Zusammenhang mit der Veränderung einer Umgestaltung – und diese Selbstopfer lassen einen gerne an dem zweifeln, was man für sein Leben umsetzen möchte.

Tief im Inneren ist man sich dabei doch schon sehr genau darüber im Klaren, wohin einen die Veränderung bringen soll, aber fraglich ist, ob man sich zutraut, den Weg so einfach zu beschreiten. Halten Sie es an dieser Stelle jedoch mit Vincent van Gogh, der zu bemerken wusste, dass man auch manchmal gerade dadurch, dass man sich irrt, den richtigen Weg findet.

Beachtenswert bei der Deutung

Die Schwierigkeit dieser Karte liegt darin, zu ergründen, ob man vor etwas wegläuft oder ob man sich nur aus einer unfruchtbaren Situation befreit, um sich in eine bessere Position zu bringen.

Eine Veränderung ist deshalb ihrem Wesen nach nicht kategorisch „gut“ oder „schlecht“, sondern sie ist die Basis für die weiteren Geschehnisse, also das, was wir aus ihr machen.

Gerade auch der zeitliche Faktor ist bei dieser Karte beachtenswert. Es ist möglich, dass es sich um eine Situation handelt, die aus einer Veränderung heraus resultiert, also deren Folge ist; aber auch die Veränderung an sich wird hier sichtbar. Hauptsächlich anhand der umliegenden Karten kann man versuchen zu erfahren, ob man diese Veränderung bereits vollzogen hat oder ob sie noch in der Planung ist.

Herz König
Psyche

Grundsätzliche Deutung

Hier ist man zu Hause! „Herz König" ist der Regent des eigenen emotionalen Bereiches. Dies ist die Wohnung, das innere Selbst, der Ort, an dem man sich wohl und geborgen fühlt, kurzum sein Heim und Schloß.

Die Karte steht damit auch für den realen Wohnbereich und die Art und Weise, wie man diesen gestaltet. Ein Blick in die eigenen vier Wände gibt dann auch schnell Aufschluss darüber, ob man dazu neigt, sich mehr pragmatisch, spartanisch, opulent, modern, klassisch oder in einer der vielfachen Varianten einzurichten.

Früher wußte man zu berichten, dass eine unordentliche Wohnung auch auf ein unaufgeräumtes Inneres schließen lässt. Mit „Herz König" kommt die Stunde der Wahrheit für den Seelenzustand, doch gleichzeitig reicht er auch die schützende Hand, um alles wieder in Ordnung zu bringen.

Partnerschaft

Ob mit Eltern, Freunden, Kollegen oder dem Partner – man führt mit allen eine harmonische und vertraute Beziehung, in der nicht immer viele Worte gesagt werden müssen, da man sich auch so versteht. Doch eine solche Zeit kann man nicht ständig genießen. Deshalb sollte man diese Situationen auch bewusst wahrnehmen und Wärme und Geborgenheit in sich aufnehmen. Die Karte bringt uns in Kontakt mit Personen, die man gerne als „Seelenverwandte" bezeichnet. Gerade in Phasen, in denen wir daran arbeiten, uns selbst in den Griff zu bekommen oder uns auf uns selbst zu besinnen, sind diese Menschen hilfreiche Weggefährten.

Konflikte

Jeder Mensch benötigt seinen eigenen, kleinen Schutzraum, in dem er ganz ungestört mit sich selbst alleine sein kann. Diese Privatsphäre sollte auch akzeptiert werden, leider ist dies nicht immer der Fall. So kommt es durchaus vor, dass wir gerade in dann von jemandem enttäuscht werden, wenn wir es eigentlich am wenigsten erwarten.

Aber auch wir selbst können auf diese Weise andere verletzen, indem wir beispielsweise Dinge weitererzählen (selbst wenn dies ohne böse Absicht geschieht), die uns als Geheimnis anvertraut waren, oder indem wir in den schützenswerten Bereich eines anderen eindringen, weil unsere Neugierde uns dazu treibt, etwas zu ergründen, was uns eigentlich nichts angeht.

Wie geht man mit seiner eigenen Privatsphäre und der anderer um, wie behandelt man vertrauliche Informationen und welche Verhaltensweisen erwartet man von seinem Mitmenschen hinsichtlich der eigenen „kleinen Geheimnisse"?

Wenn man entdeckt, dass zwischen dem, was man von anderen erwartet und dem, wie man sich selbst verhält, Diskrepanzen bestehen, dann sollte man analysieren warum dies so ist, um künftig keine weiteren Konflikte zu provozieren.

Selbsterkenntnis und der Hintergrund

„Der Mensch strebt danach, das Leben außerhalb seiner selbst zu finden, und begreift nicht, dass das Gesuchte in ihm selber liegt".*

Wie in einem Spiegel bekommen wir hier vorgehalten, wie wir selbst sind. All die guten Eigenschaften, aber auch die negativen werden uns vor Augen geführt. Doch manchmal neigen wir auch dazu, ähnlich wie die böse Königin im Märchen „Schneewittchen"** nicht akzeptieren zu wollen, was uns dort erscheint. Es wird einem vielleicht nicht

*Khalil Gibran
** Gebrüder Grimm

immer gefallen, was man zu hören und zu sehen bekommt, doch gehören alle diese Aspekte zu dem eigenen, wahren Wesen.

Nun kann man natürlich daran gehen und die unangenehmen Dinge verdrängen oder sie, wie es so schön heisst, unter den berühmten Teppich kehren. Aus den Augen, aus dem Sinn! Auch indem wir an anderen schlecht machen, was wir an uns nicht verwirklichen können, erweisen wir uns selbst einen Bärendienst. Inneres Wachstum wird man dadurch nicht erlangen können und gerade dazu möchte „Herz König“ uns doch verhelfen.

Es gilt zu lernen, dass uns im Außen nichts mehr verletzen kann, was wir im Innen bereits aufgearbeitet haben. Doch dazu muss man auch für eine Zeit einmal akzeptieren können, dass andere „tausendmal schöner sind“ als wir!

Hoffnungen und Ängste

Sich in seine eigenen Schutzräume zurückziehen zu können, gibt einem ein großes Gefühl der Sicherheit, doch erfährt man alleine in diesem Raum auch, dass es dort sehr einsam sein kann. Damit wir andere Menschen in unsere privaten Räume lassen können, verlangen wir von uns selbst, dort eine gewisse Ordnung vorzufinden. Das hat wohl auch mit den Befürchtungen zu tun, jemand könnte entdecken, dass etwas in Unordnung ist. Vielleicht fühlt man sich dann sogar dazu genötigt, sich zu outen oder für sein „unordentliches Wesen“ zu entschuldigen.

Aber alleine durch die Bewusstmachung dieser Furcht vor den eigenen Missständen kann man es erreichen, gemeinsam mit seinem Selbst an der Bewältigung zu arbeiten. Man hat die Möglichkeit, die inneren Räume in Schuss zu bringen und dort Ordnung zu schaffen. Dann wird man auch bereit sein, andere in sein Inneres zu bitten und die tiefsten Gefühle und Gedanken mit ihnen zu teilen. Schließlich kann man sich seinen Mitmenschen vielleicht sogar selbst als Spiegel anbieten, um sie bei der Aufarbeitung ihrer eigenen Probleme zu unterstützen.

Beachtenswert bei der Deutung

Wie empfindet man sein Heim, wie schafft man Räume der Behaglichkeit und Geborgenheit?

Das „Heim“ kann beispielsweise eine reale Wohnung bedeuten, die als Spiegel der inneren Räume zu sehen ist. Wie gestaltet man sie und wie ist die Ordnung darin? Dazu ist es vielleicht hilfreich, sich einfach ein paar Minuten in die einzelnen Zimmer der eigenen Wohnung zu stellen, sie zu betrachten und die Erkenntnisse aufzuschreiben.

Mit der Karte „Herz König“ können also manchmal Situationen gemeint sein, die sich auf das eigene reale Heim beziehen, aber es kann ebenso ein privater innerer Schutzraum gemeint sein. In den nachfolgenden Deutungshinweisen findet man hauptsächlich den allgemeinen Begriff „Heim”. Falls man anhand der Kartenlage nicht direkt erkennen kann, ob sich die Karte auf sein inneres oder äußeres Heim bezieht, dann ziehen Sie noch ergänzende Karten hinzu und deuten diese. Wenn sich auch jetzt noch keine befriedigende Antwort herausfinden lässt, dann ist es sinnvoll, die Befragung um ein paar Tage zu verschieben und es dann erneut zu versuchen. Auch die inneren Führung benötigt mitunter ein wenig Zeit, sich auf einen Besuch einzustellen.

Pik 7
Kommunikation

Grundsätzliche Deutung der Karte

Man erhält Nachrichten über Verhandlungen oder Verträge, aber auch von jeglichen Dokumenten und anderen Dingen, die einen mit dem „öffentlichen" Leben verbinden, jedoch immer noch individueller Natur sind. Deshalb bedeutet diese Karte nicht ausschließlich vertragliches Papierwerk, sondern beinhaltet hauptsächlich Informationen über die Sachverhalte, die einen persönlich angehen. Ein Schriftstück zu einem Mietverhältnis, eine Geburts-, Hochzeits-, Todesanzeige, ein Liebesbrief oder eine Grußkarte – die Inhalte dieser Karte sind ebenso vielseitig wie die Anlässe, zu denen man Informationen erhalten kann.

Mit der Karte sind nicht ausnahmslos immer gute oder schlechte Nachrichten gemeint. So manche Information, die man zunächst für belastend hält, stellt sich im Nachhinein vielleicht als schicksalhafte positive Fügung dar. Die umliegenden oder zusätzlich gezogenen Karten geben recht konkrete Hinweise darauf, aus welchem Bereich die Nachrichten stammen werden und wie man mit ihnen umgehen sollte.

Partnerschaft

Hier gibt es für einen eine Menge erfreulicher Neuigkeiten, denn man erhält nette Aufmerksamkeiten und Komplimente. Gerade „durch die Blumen" werden einem im Moment viele kleine nette Aufmerksamkeiten zuteil, die einerseits schmeicheln, mitunter andererseits aber auch verunsichern können. Es mag sein, dass wir ganz bewusst die kleinen Avancen übersehen, die man uns macht oder aber, dass unser mangelndes Selbstbewusstsein uns davon abhält, an den Bestand und Erfolg einer Partnerschaft zu glauben. Fair wäre es jedoch, dem Gegenüber in ähnlich offener Weise gegenüberzutreten.

Bemühen sich hier jedoch beide darum, sich mehr in kleinen Andeutungen zu verlieren, als eine klärende Situation herbeizuführen, dann fordert Pik 7 dazu auf, hier selbst die Initiative zu übernehmen.

Selbsterkenntnis und Hintergründe

Man ist auf dem Weg, um seine eigene innere Wahrheit zu finden, denn tief in sich hat man erkannt, dass die gelebten Werte und Möglichkeiten weit hinter den wahren Entsprechungen zurückliegen. Man erahnt, dass diese Wahrheit nicht weit entfernt zu finden sein kann. Doch noch ist man nicht bereit, genau hinzusehen, weil man vielleicht fürchtet zu erschrecken, wenn man den Umschlag mit seinem Lebenslauf öffnet und die Beschreibung einer Person vorfindet, als die man sich selbst in dieser Weise nicht betrachtet hat. Welche Talente hat man gefördert, welche vernachlässigt und welchen Bequemlichkeiten hat man im Leben nachgegeben.

Diese Karte steht für die Fülle an Informationen, die man nun über sich selbst erhalten kann. „Der Mensch strebt danach, das Leben außerhalb seiner selbst zu finden, und begreift nicht, dass das Gesuchte in ihm selber liegt."* Wer hier den Mut und Willen aufbringt, sich dieser Wahrheit ein Stück weit zu nähern, kann durch diese neuen Entdeckungen eine große Bereicherung für sein Leben erfahren.

Konflikte

Konflikte im Zusammenhang mit dieser Karte drücken sich in den Gefühlen und Gedanken aus, die man nicht so gerne nach außen hin mitteilt. Seine Ansichten hält man ein um das andere Mal in sich verschlossen und unsere Mitmenschen können dann eigentlich nur vermuten, wie

*Khalil Gibran

es tatsächlich in uns aussieht. Dadurch geschieht es sehr häufig, dass die eigenen Wahrnehmungen und die Einschätzung der anderen tatsächlich weit auseinanderfallen und man sich um so mehr unverstanden fühlt. Auch hier gilt es, offene Worte zu sprechen, aber auch mit uns freimütig entgegengebrachten Meinungen und Kritiken toleranter umzugehen.

Schwierigkeiten entstehen nur in solchen Fällen, wenn wir meinen, unsere Mitmenschen maßregeln zu können, jedoch selbst in keiner Weise für Anregungen und Kritik zugänglich sind.

Hoffnungen und Ängste

Welche Art von Nachrichten erwartet man? Das ist die Frage, denn hinsichtlich seiner Hoffnungen und Ängste im Bereich dieser Karte geht es um die Erwartungshaltung, die man gegenüber Informationen hat, die die eigene Person betreffen. Die Angst, etwas Schlechtes zu hören und die Hoffnung auf gute Neuigkeiten sind dabei die zentralen Punkte.

Doch gerade unangenehme Informationen bringen uns häufiger auf lange Sicht einen Schritt weiter, als diejenigen Hinweise und Aussagen, die uns in (vermeintlicher) Sicherheit wiegen. Natürlich ist es unfraglich angenehmer zu erfahren, dass man etwas richtig gemacht hat oder zumindest auf dem richtigen Weg ist. Gerne möchte man hier die Absolution erhalten, dass das Gedachte und Angestrebte in dieser Form vollkommen in Ordnung ist. Negative Äußerungen wollen wir dann gar nicht hören, weil wir tief in uns eigentlich schon den Entschluss gefasst haben. Doch wahrscheinlich ist es an dieser Stelle wirklich wichtig, sich gerade mit den Aspekten auseinanderzusetzen, die uns ängstigen.

Beachtenswert bei der Deutung

Es geht bei dieser Karte um Kommunikation, um Nachrichten, die man erhält oder weitergibt. Dabei muss es sich nicht immer um „greifbare" Briefpost handeln, es kann genau so gut ein Gespräch mit nahestehenden Personen oder der eigenen inneren Führung sein.

Doch alleine der Hinweis auf die Kommunikation bringt hier nicht weiter, denn die zentrale Frage ist, in welchem Bereich für uns wichtige Neuigkeiten aufkommen. Ausschließlich die Nachbarkarten oder Ergänzungskarten helfen dann weiter, um den Anlass etwas genauer einzugrenzen.

Pik 8
Gesellschaft

Grundsätzliche Deutung der Karte

In der nächsten Zeit gibt es sehr viel Bewegung, denn private Treffen, Partys mit Freunden, gegenseitige Besuche und Rendezvous stehen auf dem Programm. Anziehung und Vereinigung stehen in dieser Phase im Vordergrund, man möchte sich austauschen, auf der spirituellen, emotionalen, intellektuellen und auch der sexuellen Ebene.

Partnerschaft

Alle, mit denen man in der nächsten Zeit in unmittelbaren Kontakt kommt, werden die sprühende Energie bemerken, mit der man seine Mitmenschen momentan einnimmt und sie begeistert. Dazu gehört jedoch nicht alleine der „Beziehungspartner", sondern auch die Eltern, Freunde, aber auch Arbeitskollegen und Geschäftspartner. Doch dabei gilt es, darauf zu achten, dass man niemanden im Überschwang der Gefühle einfach so mit seinen Ideen und Wünschen überrumpelt. Und auch man selbst muss sich davor hüten, sich nicht in die Ecke drängen zu lassen.

Konflikte

Obwohl in der heutigen Zeit nicht mehr so strenge Verhaltensregeln bestehen, wie selbst noch vor wenigen Jahrzehnten, so gibt es doch Dinge, die man aus dem Takt- und Mitgefühl seinen Mitmenschen gegenüber unterlässt.

Neigt man dazu, seine Mitmenschen zu sehr zu bedrängen, so dass sie kaum ausweichen können, weil man einfach nur schnell nehmen möchte, was man will, bevor jemand anders einem diese Sache, Gelegenheit oder Person abspenstig machen kann? Oder verhält man sich eher schüchtern zurückhaltend und schockiert, wenn man von anderen so bestürmt wird, doch man wagt sich nicht zu widersetzen, aus Scheu, dass man die Zuneigung desjenigen verlieren könnte.

Die Emotionen und Gedanken, die zwischen uns und unseren Mitmenschen in Bewegung sind, fließen nicht immer gleichmäßig. Dies führt zu Spannungen, denn zwangsläufig empfindet der schwächere Empfänger die hochdosierten Ausstrahlungen des starken Senders als bedrohlich und im umgekehrten Fall nimmt der stärkere Empfänger von dem schwächeren Sender die Reaktionen kaum wahr. Dies führt zu einer Reihe von geistigen wie auch emotionalen Missverständnissen und Spannungen, die in aller Regel auf beiden Seiten Stress erzeugen.

Selbsterkenntnis und Hintergründe

Das Bedürfnis, sich mit anderen freundschaftlich zu verbinden, ist in dieser Zeit sehr groß. Der Austausch von Gedanken und Gefühlen zieht einen dann beinahe magisch an. Doch ruft diese Karte uns dazu auf, dies nicht auf einseitige Weise zu tun und entweder nur zu geben oder zu nehmen. Trotzdem muss man bereit sein, seine Freundschaft, Liebe, sein Vertrauen und seine Offenheit an andere zu verschenken, um die gleichen hohen Gefühle offenbart zu bekommen. „Lösen und verbinden" heissen hier die Zauberworte, die einem alten alchemistischen Grundsatz entsprechen. Erst so entsteht eine fruchtbare Interaktion, von der beide Seiten profitieren können.

Deshalb sollte man hier sich selbst hinterfragen, ob man eher zum berühmten Stamme der „Nimm" gehört oder eher zu „Gib". Schön wäre es dann, wenn man von dem jeweils anderen etwas lernen könnte und so sein eigenes Wesen dadurch bereichert, da man erfährt, dass Wohltuendes anzunehmen oder auch zu spenden zur Erfüllung führen kann.

Hoffnungen und Ängste

Eine erfüllende Beziehung, ein Treffen, von dem alle Seiten profitieren, der harmonische Fluss von Informationen und Gefühlen ist der Hoffnungsaspekt dieser Karte. Ob geschäftliche oder private Treffen, wichtig ist die Hoffnung darauf, dass die Gemeinsamkeiten überwiegen und auch zukünftig noch Raum für weitere Treffen sein wird.

Doch damit spielt auch bereits die Angst vor Zurückweisung und Liebesentzug mit hinein, denn wenn wir uns falsch verhalten, weist man uns vielleicht die Tür und ein nächstes Mal wird es dann wahrscheinlich nicht mehr geben. Ausgegrenzt und getrennt zu werden, ist für viele eine schlimme Vorstellung. Selbst heute benutzt man diese Sanktionen noch, um anderen zu zeigen, dass sie sich in einer Gemeinschaft falsch verhalten haben.

Dann gilt es, seine Verhaltensweisen zu überprüfen, um festzustellen, welche Art von Ängsten man hat, von anderen abgewiesen oder zurückgesetzt zu werden. Dort, wo bereits eine tatsächliche Ausgrenzung stattfindet, weil wir es nicht schaffen uns in bestimmten Lebensbereichen oder Gesellschaften zu integrieren, erhalten wir einen positiven Fingerzeig, der zu einer Neuausrichtung verhelfen kann.

Beachtenswert bei der Deutung

Die Karte sagt zunächst nur aus, dass es sich um ein Treffen handelt, doch ob man sich mit seinem Partner, einem Geschäftsfreund, seinen Eltern oder Freunden trifft, wird erst durch die Nachbarkarten deutlich.

Manchmal zeigt die Karte auch Dinge im Verborgenen an, doch es bedeutet deshalb nicht zwangsläufig ein geheimes Treffen. Deshalb sollte man nicht ohne Not misstrauisch reagieren, denn vielleicht organisieren gute Freunde auch nur eine Überraschungsparty.

Pik 9
Ursprung

Grundsätzliche Deutung der Karte

Diese Karte bezeichnet unseren angestammten Platz und steht deshalb im übertragenen Sinne für die Herkunft, unser Elternhaus, aber auch für das Selbstvertrauen, aus dem wir die Kraft schöpfen, an die eigenen Ziele und Handlungen zu glauben. Die Karte bedeutet darüber hinaus aber auch noch den materiellen Besitz eines Hauses oder einer Wohnung, als den Platz, zu dem man Zugehörigkeit empfindet, an dem man sich wohl und geborgen fühlt. Auch Kraftorte, die uns viel bedeuten können, an denen wir die Energie spüren und unsere verbrauchten Energien wieder auftanken, werden durch diese Karte symbolisiert.

Partnerschaft

Man befindet sich in einer stabilen Situation, in der man sich gegen fremde Einflüsse zu schützen weiss. Die Menschen, mit denen man sich umgibt, erwecken den Eindruck, große Sicherheit und Stabilität zu besitzen, und wirken so wiederum auf das eigene Selbstvertrauen. Die gesamte Beziehung ist geprägt von Gleichberechtigung und Ausgewogenheit.

Auf der anderen Seite zeigen sich aber auch Tendenzen, sich von seinem Umfeld abzukapseln und sich in eine (freiwillige) Isolation zu begeben. Eine Situation, die mitunter notwendig werden kann, um den eigenen Standpunkt wiederzufinden. Wenn man diese Situation nicht mit selbstzerstörerischen Grübeleien vertut, sondern sie nutzt, um in Gedanken und Gefühlen den Kontakt zu sich selbst aufzunehmen und sich zu zentrieren, wird man für sich Ruhe und Harmonisierung erfahren können. Und dies trägt wiederum positive Impulse in eine Beziehung hinein.

Selbsterkenntnis und Hintergründe

Man neigt derzeit dazu, sich seinem Umfeld gegenüber nicht offen und ungezwungen zu verhalten. Entweder ist es die Angst davor, in seinen Empfindungen verletzt zu werden oder die beinahe zwanghafte Rebellion gegen bestehende Konventionen. Doch man ist sich des Ungleichgewichtes bewusst geworden und sucht nun nach Schutzräumen. Doch auch wenn man sie findet, verändert sich sehr häufig die Unzufriedenheit mit der Situation zunächst nicht, weil man bisher noch nicht bis zum Kern der Ursache für seine Verhaltensmuster vorgedrungen ist.

Anstatt seine innere Führung um Rat zu fragen, drängt man hier sein Selbst zurück und versucht seine Probleme durch Projektion auf Aussenstehende zu lösen. Jetzt gilt es, die aktuelle Situation zu nutzen, in der man bereit ist, sich selbst zu akzeptieren und umsichtig mit seinen alten Wunden umzugehen, die Krusten behutsam zu entfernen und alle darunter befindlichen Partikel zu beseitigen, welche die Heilung verzögern können. Auch wenn es noch einige Zeit dauern wird, bis man die Auswirkungen in ihrer Gesamtheit spürt, wird man sein inneres Gleichgewicht zurückerhalten und dem Außen wieder offen und frei begegnen können.

Konflikte

Wenn man derzeit Auseinandersetzungen hat, die durch diese Karte verkörpert werden, dann bedeutet dies, dass alle Schwierigkeiten aus einer unausgeglichenen Haltung resultieren, die man anderen gegenüber an den Tag legt. Dies kann zum einen eine (über-)betonte Selbstsicherheit sein, in der man dazu neigt, aus sicherer Entfernung mit Kanonen auf Spatzen zu schießen, oder zum anderen die devote Unterordnung unter die Meinung und Ansichten anderer.

Unser Ego drängelt sich frech nach vorne und erklärt uns, dass wir vielleicht viel mehr wert sind als andere und dass unserer Meinung deshalb ein ebensolcher Stellenwert eingeräumt werden müsse. Die andere Variante ist, dass wir uns für schwach und unwert halten, überhaupt nur an eine eigene Meinung denken zu wollen. Dadurch entstehen Probleme, die eine gemeinsame Ausrichtung mit dem Umfeld fast unmöglich machen. Deshalb wäre es sinnvoll, sich eine Weile zurückzuziehen, um die eigene Ausgeglichenheit und Stabilität wieder zu erreichen und somit auf einen gesunden Weg zurückzugelangen.

Hoffnungen und Ängste

Wie fast jeder andere auch, erhofft man sich für sein Leben eine stabile und sichere Basis. Ein geregeltes Einkommen, ein Dach über dem Kopf, eine intakte Familie ... die Bedürfnisse und persönlichen Wünsche sind dahingehend vielzählig. Doch der Gedanke an Sicherheit kann manchmal auch beängstigend sein, wenn man mit der Möglichkeit rechnet, dass diese Sicherheit eventuell nur ein trügerisches Scheinbild, eine Projektion oder Imagination ist.

Ein Haus, das auf Sand gebaut wurde, kann jederzeit in sich zusammenbrechen und die bis dahin vermeintlich sichere Existenz bedrohen. Dies kann dazu führen, dass man eine pessimistische Einstellung zum Leben entwickelt und hinter jeder guten Sache und jedem Quentchen Glück gleich das doppelte Unglück vermutet.

Aber auch eine dritte Möglichkeit besteht noch, nämlich die Angst vor der Sicherheit und Ruhe. Ein geregeltes Leben verspricht in den seltensten Fälle ein Abenteuer und ein bisschen Aufregung, die Angst vor der „spießbürgerlichen Langeweile“ oder dem Leben im „goldenen Käfig“ kann hier dazu führen, dass man aus einer Zwangsvorstellung heraus permanent aktiv wird und ständig in Bewegung und unter Leuten sein will.

Manche Dinge erhalten dabei für uns nur Bedeutung,

weil wir mehr in ihnen sehen, als sie tatsächlich darstellen und beinhalten. Hier darf man sich ruhig fragen, was einem selbst *wirklich* wichtig ist. Worauf kann man nicht verzichten, um sich sicher zu fühlen? Falls es sinnvoll erscheint, kann man eine Liste der Dinge anfertigen, die man für *wesentlich* hält und dann Punkt für Punkt dieser Aufzählung im Laufe der nächsten Tage immer wieder hinterfragen. Wahrscheinlich wird man feststellen können, dass die tatsächlichen Bedürfnisse doch weitaus geringer sind, als man es jetzt vermuten würde.

Beachtenswert bei der Deutung

Diese Karte steht als Grundbedeutung für ein Haus, einen Ankerplatz, aber auch Ausgeglichenheit und Selbstbewusstsein. Dabei sollte man versuchen zu ergründen, welche dieser inhaltlichen Ebenen auf die gegenwärtige Situation passt. Dennoch kann es sein, dass beispielsweise der Erwerb eines realen Hauses, im übertragenen Sinne auch für die Erfüllung des unbewussten Bedürfnisses nach Sicherheit und Stabilität stehen kann und somit dazu dient, seinen tatsächlichen Wünschen einen Schritt näherzukommen.

Pik 10
Aufbruch

Grundsätzliche Deutung der Karte

Man macht sich auf die Reise, um neue Erfahrungen zu sammeln und um der Wahrheit (über sich selbst) etwas näher zu kommen. Dabei kann es sich um eine Seelenreise handeln, wie auch einen realen (Kurz-)Urlaub, der andere Perspektiven, und vielleicht durch ein wenig Distanz zu der bisherigen Situation, neue Einsichten bietet.

Partnerschaft

Man folgt im Moment seinen eigenen Impulsen, um der Wahrheit und dem Stellenwert seiner Beziehung auf die Spur zu kommen. Man wendet sich kurzfristig von seinem Partner ab. Doch dies muss nicht erschrecken, denn es bedeutet deshalb nicht gleich eine Trennung oder einen Seitensprung! Man geht derzeit vielmehr gedanklich seine eigenen Wege und versucht zu ergründen, welcher Art die (unausgesprochenen) Schwierigkeiten und Probleme in der Partnerschaft sind und welche Mittel und Wege gemeinsam zur Lösung beschritten werden können.

Selbsterkenntnis und Hintergrund

Man analysiert sein Wesen und distanziert sich gerade in dieser Zeit von früheren eigenen Aussagen und Denkweisen, deren Entstehungsmuster man jetzt wahrscheinlich nicht mehr rekonstruieren kann. Die Fragen nach dem Warum, Woher und Wohin bestimmen die Gedanken über einen selbst, seine Mitmenschen und das Miteinander. Mitunter gibt es auch Irrwege, denn das Ego ist bisweilen daran bestrebt, uns in die Irre zu führen, um seine eigenen kleinen Wünsche und Besitztümer zu wahren.

Konflikte

Mit Pik 10 neigt man dazu, sich abzuwenden oder vor Problemen und Konflikten zu flüchten. Dies kann für alle Betroffenen in der aktuellen Situation eine sehr unangenehme Sache sein. Manchmal ist es aber notwendig, ein wenig Distanz zwischen sich und das Problem zu bringen, um einmal andere Gedanken zu bekommen oder das gesamte Bild aus der Entfernung in der vollständigen Größe zu betrachten.

Es ist dabei nur fraglich, wie weit und wie lange wir uns von dem Problem fernhalten. Dazu sollte man sich selbst fragen, wie man an Problembewältigungen herangeht. Neigt man dazu, seine Schaffenspausen zur Lösung des Problems so weit auszudehnen, bis andere diese Aufgaben für einen gelöst haben? Auch ein ewiges Ausfeilen der besten Taktik, um einer Schwierigkeit beizukommen, kann manchmal so viel Zeit in Anspruch nehmen, dass sich vielleicht nebenher noch so mancher kleine Berg an Problemen und Arbeit bildet, der dann ebenfalls mit einem ausgeklügelten Plan bewerkstelligt werden will.

Hier gilt es einmal über den eigenen Schatten zu springen und etwas zügiger an die Lösung eines Problems heranzugehen. Auch wenn wir dabei mitunter eine falsche Wahl treffen, ist dies auf lange Sicht immer noch besser, als gar nicht zu handeln.

Hoffnungen und Ängste

Ähnlich, wie bei einer Urlaubsreise, macht man sich auf den Weg, um neue Sichtweisen zu erlangen und kulturellen Austausch zu genießen. Man taucht für eine bestimmte Zeit in ein anderes Leben, ohne Stress und ohne Zwänge, und lässt es sich bewusst gut gehen. Nach einem – wahrscheinlich viel zu kurzen – Urlaub kehrt man zurück in den Alltagstrott, mit dem Alltagsstress und den Alltagszwängen – und lässt sich vielleicht wieder unter Druck setzen, durch Stress, Probleme, Zwänge etc.

Die bestehende Situation hat sich durch die kurzfristige Flucht in ein anderes Erleben und Bewusstsein, wenn überhaupt, nur geringfügig geändert.

Bei dieser Karte muss man lernen, nicht nur zwischen Hoffen und Angst zu leben, sondern seine kleinen „Inseln" in das tägliche Leben zu retten. Sich für einen Augenblick zurückziehen und für seinen Körper und Geist etwas Gutes tun, mit Meditation, autogenem Training, Tai Chi oder ähnlichen Übungen. Auf diese Weise verliert sich auch die Angst vor Problemen, und Hoffnung kann wieder Einzug halten, wenn nicht nur der physische, sondern auch der mentale Körper in Harmonie sind.

Beachtenswert bei der Deutung

Man wendet sich einem neuen Ziel zu, wobei nicht zwangsläufig eine tatsächliche Reise gemeint ist, sondern vornehmlich eine Neuorientierung. Man befindet sich an einer Wegkreuzung und muss sich nun entscheiden, in welcher Richtung man sich weiterhin bewegen möchte.

Im Gegensatz zu der Karte „Karo 9" unternimmt man hier jedoch keine tiefgreifenden Wandlungsprozesse, sondern mehr die kleinen Aus-Flüchte. Damit kann auch die Teilnahme an einer Veranstaltung gemeint sein, die einen für kurze Zeit aus seinen vier Wänden herausbringt.

Trotzdem kann mit der Karte auch eine ganz reale Reise gemeint sein, die man selbst oder eine nahestehende Person unternehmen möchte, zumindest deutet sie auf eine Reisebereitschaft hin.

Die Deutungsmöglichkeiten für diese Karte sind sehr vielseitig und widersprechen sich auf den ersten Blick teils sogar. Die nachfolgenden Deutungshinweise (und die Kombinationen bei den vorhergehenden) sind deshalb auch nur Anhaltspunkte. Wenn sehr gegenteilige Interpretationen möglich sind, findet man sie auch aufgeführt. Anhand der Nachbarkarten lässt sich zumeist ermitteln, welche der Deutungsvorschläge der bestehenden Situation am nächsten kommen, doch vermutlich wird man nach einer eigenen, ganz auf diese Fragestellung passenden Interpretation suchen müssen.

Pik Bube

Reform

Grundsätzliche Deutung der Karte

Die Karte bedeutet die Hinwendung und Öffnung für alles Neue – beispielsweise eine Arbeitsstelle, Partnerschaft, ein Kind, Hobbys und alles, worauf man seine Gedanken und Gefühle neu ausrichten kann. Es ist eine Zeit in der man sich begeistern lässt und für die Schönheiten und die kleinen Abenteuer empfänglich ist.

Nun kann man die neuen Einflüsse und Antriebe genießen, sollte jedoch Acht geben, dass man sich aber nicht von ihnen überrollen lässt. Denn in solchen Situationen neigen wir dazu, uns fast ausschließlich auf die neuen Ereignisse zu konzentrieren und die alten Erfahrungen erstmals beiseite zu schieben. Dies macht anfällig für die Schliche und Tücken, mit denen andere Menschen uns dann vielleicht zu übervorteilen suchen.

Wenn diese vielen neuen Erfahrungen auch nicht einfach zu verarbeiten sein werden, die Erkenntnisse, die man daraus gewinnt, werden für das weitere Leben prägend sein. Darüber hinaus wird es seelisch-emotional und geistig-intellektuell Erfahrungen geben, die eine ganz andere Weitsicht für die Gefühle und Gedanken unserer Mitmenschen vermitteln.

Partnerschaft

Man ist in einer solchen Phase eher etwas unruhig, denn irgendwie verspürt man einen Neubeginn, der sich in der eigenen Beziehungswelt vollzieht. Doch es ist nicht die spielerische Verliebtheit, welche uns bei „Herz Bube" schon begegnete, sondern eher die Neulust an einem anderen Menschen. Das kann der aktuelle Partner sein, an dem man vollkommen neue Züge entdeckt, die einem bisher verborgen geblieben waren und die das Zusammenleben nun wieder etwas aufregender gestalten. Dies kann aber auch ein neuer Partner sein, mit dem man sich in ein Abenteuer stürzt, ohne seine Stärken und Schwächen zu kennen oder zu wissen, was aus dieser Beziehung entstehen wird.

Es ist aber auch möglich, dass die Beziehung zu einem Partner durch neue Einflüsse belebt wird, auf die man sich jetzt erst einmal konzentriert. Dies kann beispielsweise auch ein Baby sein, das in der Beziehung zu anderen Menschen vollkommen neue Herausforderungen und Erfahrungen mit sich bringt. Es ist aber auch möglich, dass man (und/oder der Partner) sich einem neuen Hobby zuwendet, auf das sich die Aufmerksamkeit in der nächsten Zeit verstärkt richtet.

Selbsterkenntnis und Hintergründe

Man ist auf der Suche, doch wonach, weiss man eigentlich selbst nicht so genau. Man spürt den beginnenden Umbruch, das aufkeimende Neue, doch diese ersten, zarten Regungen geben noch nicht genug Kontur, um den Weg zu erkennen.

Man ahnt, dass neue Erfahrungen in das eigene Leben einströmen werden und das Kind in uns ist wissbegierig und gespannt auf das neue „Spielzeug". Doch wie geht es mit neuen Situationen und Erfahrungen um? Es mag sein, dass es eher zögerlich und vorsichtig darauf zugeht, da es erst beobachtet und weiss, dass es etwas anderes loslassen muss, um das neue Teil in die Hand zu nehmen, es zu betrachten und damit zu spielen. Die Gefühle zu dem alten Spielzeug sind jedoch so vertraut, dass es sich davon nicht trennen möchte. Es ist aber auch möglich, dass das innere Kind keine starke Bindung aufbaut und sich neu-gierig auf jede Veränderung und Ablenkung stürzt, ohne Ausdauer und Konzentrationsfähigkeit, sich mit den Dingen länger auseinanderzusetzen, als für wenige Augenblicke.

Deshalb ist es schön, wenn man es schafft, die Balance

zwischen Festhalten und Loslassen zu erreichen, denn dazu fordert uns diese Karte auf.

Konflikte

Mit dieser Karte geht die Unbedarftheit und Unschuld einher, wie sie zumeist nur kleine Kinder besitzen können. Kindern fehlt es noch an den vollen und vielfältigen Erfahrungen, welche die Erwachsenen bereits in ihrer Lebenszeit gemacht haben. Deshalb gehen Kinder meist unvoreingenommen an Dinge heran, um sie zu erkunden. Doch nicht jede Erfahrung ist dazu da, um von jedem Menschen im Einzelnen noch einmal durchlebt werden zu müssen. Daher ist es für ein Kind sehr wichtig, sich auf seine Ratgeber verlassen zu können.

In einer solchen Phase, die durch diese Karte verkörpert wird, verhält man sich häufig selbst in einer kindlichen Manier und geht dann zu unbedarft auf Leute oder Situationen zu und erhält dadurch immer wieder Probleme. Man verletzt sich und das Kind in einem nur unnötig, wenn man sich aus Leichtsinnigkeit heraus immer wieder in „Gefahr“ begibt. Gut, wenn einem in einer solchen Situation hilfreich Hände gereicht werden, um wieder auf die Füße zu gelangen. Doch nicht zu oft dürfen wir damit unser Umfeld strapazieren, denn selbst für Mitmenschen mit einem ausgeprägten „Helfersyndrom“ wird ein solcher Fall schnell belastend und Konflikte werden vorprogrammiert.

Hoffnungen und Ängste

Etwas Neues zu beginnen, ist eine wundervolle Sache, denn zumeist hegt man ganz bestimmte Vorstellungen, wie es sein wird, wenn die herbeigesehnte Situation dann tatsächlich eintritt. Man genießt die Vorbereitungszeit und richtet sein Leben auf das bevorstehende Ereignis aus, ...doch dann kommen bei vielen Menschen die ersten Zweifel. Wird es wirklich so sein, wie man es erwartet – wird es vielleicht besser oder eher schlechter. Pessimistische Gedanken machen sich dann bisweilen breit und hemmen die Vorfreude auf das Neue.

So will die Karte auch dazu anregen, dass man sich seine Ängste bewusst macht und überprüft. Nun darf man auch ruhig bereit sein, einmal mitten ins kalte Wasser zu springen und sich für neue Erfahrungen zu öffnen, denn diese werden bereichernde Erkenntnisse schenken, von denen man in seiner Entwicklung nur profitieren kann, auch wenn man den Sinn im Vorfeld manchesmal vielleicht noch nicht unmittelbar erkennen kann.

Beachtenswert bei der Deutung

Geht es hier um ein wirkliches, reales Kind, das man sich wünscht oder mit dem man Probleme hat, oder ist es mehr das Sehnen nach neuen und aufregenden Dingen, um eine Bereicherung für sein Leben zu erreichen?

Welcher dieser Inhalte auch maßgeblich sein mag, hier geht es dem Grunde nach auch darum, sich zu hinterfragen, ob man sich aus einer Laune heraus etwas in den Kopf gesetzt hat, was man jetzt direkt und unbedingt umsetzen will.

Diese Stellen, an denen das (innere) Kind seine Bedürfnisse einfordert, gilt es aufzusuchen, zu versuchen, sein (inneres) Kind kennenzulernen und seine Ängste und Befürchtungen zu erfahren, damit man es trösten und beruhigen kann. Und auch verstehen, dass man nicht durch neue Begebenheiten beunruhigt sein muss, weil man die Veränderung fürchtet oder die Angst hat, etwas zu versäumen.

Pik Dame
Überraschung

Grundsätzliche Deutung der Karte

Man steht im Mittelpunkt liebevoller und freudiger Gefühle, die man empfängt und die man als Kanal auch an seine Mitmenschen weiterleiten kann. Hier darf man sich auf das freuen, was man empfangen wird und man sollte es nicht zu gering schätzen.

Dies ist in der Sache keine Frage des Wertes, doch sollte man sich vorsehen und nicht von „Geschenken" blenden lassen, die mehr Schein als Sein darstellen. Andererseits aber auch ein Hinweis darauf, andere nicht mit dem eigenen Anspruchsdenken zu überfordern.

Die Karte beinhaltet also nicht nur rein materielle Geschenke, sondern bezieht sich auch auf die emotionale Ebene und ebenso auf die seelischen oder geistigen Wohltaten, die uns zuteil werden.

Partnerschaft

Man erlebt die Beziehung zu seinen Mitmenschen im Moment als großes Geschenk. Man empfindet nun die Fülle positiver Gefühle und öffnet sich für neue Kontakte. Man erhält also nicht nur die Gaben seiner Mitmenschen, man lädt sie auch ein, an der Feier seines Lebens teilzuhaben, diese schöne Zeit zusammen mit einem zu verbringen. Nun darf man sich als großzügiger Gastgeber erweisen, der nicht nur Geschenke empfängt, sondern auch zu geben hat und mit Anstand, Fürsorge und Zuneigung, Freundschaft und Partnerschaft zu zelebrieren weiss.

Selbsterkenntnis und Hintergrund

Schenken oder beschenkt werden; geben oder nehmen – beide Komponenten müssen im Einklang sein, damit der Energiefluss nicht an einer Seite zu stark konzentriert und auf der anderen Seite zu stark geschwächt wird. So kann man miteinander teilen, doch sobald dies mit einer Bedingung verknüpft ist, beispielsweise ich gebe etwas, damit man mich einlädt/mich mag, bringt es mehr negative Aspekte mit hinein, weil es nicht dem freien Fluss der Gefühle entspricht sondern eher berechnender Absicht und dem Willen zur Manipulation.

Die Karte zwingt uns dazu, sich sein eigenes Verhalten den Mitmenschen gegenüber genau anzusehen. Man muß sich fragen, wie man sich seinen Mitmenschen gegenüber verhält, wenn es um das Zelebrieren von Lebensfeierlichkeiten geht. Schafft man es, den Austausch zwischen sich und anderen in einem gleichmäßigen Verlauf zu halten oder lässt man ein Ungleichgewicht entstehen, indem man zuviel Energie nimmt oder abgibt. Auch mit einem Zuviel an positiver Kraft können wir unsere Mitmenschen überfordern.

Konflikte

Wie geht man mit seiner eigenen Unzufriedenheit und der Verdrossenheit anderer um? Wie stuft man seine eigenen Erwartungen hinsichtlich der Wunscherfüllung ein?

Wenn unsere Vorstellungen und Erwartungen nicht mit dem übereinstimmen, was wir dann tatsächlich vorfinden, schleichen sich Gefühle der Enttäuschung und Leere ein, wenn es weniger ist, als wir erwartet haben. Doch auch in dem Fall, dass unsere Vorstellungen sogar noch übertroffen werden, besteht die Gefahr, eitel und selbstgefällig zu reagieren.

Fast jeder hat in der heutigen Zeit schon die Erfahrung machen müssen, dass Schenken und Beschenktwerden mitunter nicht einfach ist, denn es geht in diesem Fall auch immer um die Frage der Angemessenheit und der Wertschätzung des anderen.

Hoffnungen und Ängste

Man setzt Hoffnungen auf die Zuneigung seiner Mitmenschen und auf deren gute Gefühle, die sie mit uns teilen. Auf der anderen Seite befürchtet man bisweilen, in seiner gutmütigen Art von anderen ausgenutzt zu werden. Man empfindet in solchen Momenten eine tiefe Ungerechtigkeit, die jedoch dazu verhilft, Möglichkeiten für den Ausgleich zu suchen. Man trägt in sich die Befähigung, sich mit seinen Mitmenschen zu verbinden und für ein harmonisches Miteinander zu sorgen. Man steht nicht außerhalb sondern mittendrin, daraus kann man Kraft durch die Transformation seiner Ängste schöpfen und bewusster seine Hoffnung auf Erfüllung und Freude leben.

Beachtenswert bei der Deutung

Hier ist es wichtig, herauszufinden, ob es sich um ein materielles Geschenk anlässlich einer besonderen Feier handelt oder ob man es hier mit emotionalen Präsenten zu tun hat, wie in etwa mit kleinen Aufmerksamkeiten und/oder Komplimenten.

Wenn man sicher feststellen kann, dass es sich um ein materielles Geschenk handelt, dann ist Vorsicht geraten, nicht dem „dunklen Aspekt“ dieser Karte zu unterliegen, indem man mit einer bestimmten Sache oder Höhe des Wertes rechnet. Man darf sich vom Leben und von seinen Lieben überraschen lassen – dies ist eine der Botschaften, die diese Karte vermitteln will.

Pik König
Unbedachtheit

Grundsätzliche Deutung der Karte

Im Rahmen dieser Karte begegnen uns diejenigen Bereiche und Verhaltensmuster im Leben wieder, in denen man vorschnell, unüberlegt und manchmal auch mit zu großer Leichtsinnigkeit und Naivität handelt. Da blickt man zuweilen mehr verträumt auf sein kunstvoll kreiertes Bild einer schönen und heilen Welt und sieht, was man sehen möchte, denn der Blick ist in dieser Sache der Realität entrückt.

Doch die Karte ist deshalb nicht ausschließlich eine „Warnkarte" vor sich selbst, denn sie regt auch zu ernste und besonnene Menschen dazu an, sich einmal nicht über alles den Kopf zu zerbrechen, sondern auch einmal mit Hilfe der Phantasie die Gebilde in den Wolken zu erkennen. Auch wenn man meint, dass dies auf den ersten Blick keinen tieferen Sinn macht, es heisst im Zusammenhang mit dieser Karte auch, der Seele Flügel zu verleihen. Denn hauptsächlich stellt die Karte die Intuition und die Verbundenheit sowohl zur irdischen als auch zur geistigen Welt in den Vordergrund.

Man kann jetzt Mittler sein zwischen den Welten, wenn man lernt, seine inneren Botschaften und Bilder richtig zu erkennen und zu deuten.

Partnerschaft

Manchmal neigt man dazu, sich zu leichtgläubig zu verhalten oder Signale an den vermeintlichen Wunschpartner zu senden, die dazu führen, dass Missverständnisse entstehen und eine enttäuschende Beziehung die Folge ist. Irgendwann entschließt sich dann vielleicht einer der beiden Partner, die Situation zu beenden und zurück bleibt ein schales Gefühl und irgendwann beschleicht einen die Frage, warum man immer wieder an den/die Falsche(n) gerät. Es mag auch sein, dass man dazu tendiert, die romantischen und der Außenwelt entrückten Momente im Leben durch zu ernsthafte Debatten über Nichtigkeiten zu ruinieren.

Doch das, was man im Leben mit seinem Partner sucht, sind tatsächlich ja nicht gerade die unbeständigen Momente und die Auseinandersetzung, sondern Verständnis, Nähe und Seelenverwandtschaft. Solange man diese Aspekte in einer Partnerschaft nicht verwirklichen kann, wird man weiter auf der Suche sein.

Doch bevor man nun wieder übereilt einen kurz gefassten Entschluss in die Tat umsetzen möchte, sollte man darüber nachdenken, ob man nicht mittels seiner eigenen Signale deutliche Zeichen an seinen Partner senden kann, um so seine Bedürfnisse mitzuteilen. Häufig sind unsere Partner nur deshalb die falschen, weil wir nach außen hin einen bestimmten Eindruck vermitteln, der aber nicht mit unseren tatsächlichen Wünschen und Erwartungen, aber auch unserer eigenen Lebens- und Verhaltensweise übereinstimmt.

Es kann hier notwendig sein, sich selbst ein wenig zu reflektieren und dabei zu erkennen, in welchem Bereich gerade die wiederkehrenden Unstimmigkeiten liegen und warum wir gerade Partner anziehen, mit denen wir diesbezüglich immer wieder Unbefriedigendes erleben. Sich dann neu auszurichten, ohne sich dabei selbst aufzugeben, ist deshalb die Herausforderung im partnerschaftlichen Bereich, welche Pik König uns stellt.

Selbsterkenntnis und Hintergründe

Das Thema der Karte ist im Hinblick auf die Selbsterkenntnis die Verbindung zwischen Realität und Traumwelt. Hinsichtlich der Wirklichkeit gibt es um uns herum zumeist klar strukturierte Vorgaben über die Situation, die wir antreffen. Ob sie uns so gefällt, wie sie sich darstellt, ist dabei nicht von *wirklicher* Bedeutung, denn in unserer Bilderwelt können wir eine Scheinrealität aufbauen, in der wir nach eigenem Gestaltungswillen agieren. So kann man in eine Rolle schlüpfen und sich eine Maske zulegen, die einem gefällt.

In der durch Imagination geschaffenen inneren Welt ist dies auch alles in Ordnung, doch wo neigt man dazu, seine Rolle mit in die Realität zu übernehmen?

Man entzieht sich auf diese Weise selbst dem Gefühl der Erdverbundenheit, weil man sich bewusst-unbewusst von seinem tatsächlichen Selbst entfernt, um nachzuleben, was man als schöne, bewundernswerte Rolle für sich angenommen hat. Wie ein Schauspieler, der seine Theaterrolle auch im täglichen Leben lebt. Doch eine fehlende Erdung bedeutet auch den Verlust des Verständnisses für Probleme, die eigenen und die anderer. Somit erkennt man nicht mehr, was sich in der „wirklichen Welt" abspielt und die Lösung auftretender Schwierigkeiten und Probleme überlässt man den Eltern, dem Partner oder den Freunden.

Dadurch geht auch der Blick für die Feinheiten verloren und man wird anfällig für „falsche Freunde" und schlechte Ratgeber, die es scheinbar gut meinen, doch aus der Beziehung nur ihren eigenen Nutzen ziehen.

Diese Karte bedeutet also eine Aufforderung, wirklich selbstkritisch zu sein und zu hinterfragen, wo man in neue Rollen schlüpft, die nicht zur Realität passen und wann man sich aus eigener Bequemlichkeit oder Naivität zu weit zurücklehnt und die Führung und Selbstbestimmung über das eigene Leben an andere abgibt und sich so von der Stabilität und Erdverbundenheit selbst ausschließt.

Konflikte

Man ist im Inneren seines Wesens sensibel und empfänglich für das Empfinden und Denken seiner Mitmenschen. Doch durch diese offene Art wird man auch selbst verletzlich. Intuitiv kann man die Situationen erfassen, doch gelegentlich lässt man sich von den Gefühlen seiner Mitmenschen anstecken und versucht, diese für sie aufzuarbeiten. Nimmt man beispielsweise sehr starken Stress bei einem Mitmenschen wahr, dann verfällt man selbst in Hektik, um ihre/seine Probleme schnell zu lösen und dieses unangenehme Gefühl loszuwerden. Die Auswirkung ist, dass man durch diese Resorption der Emotionen häufig aus dem Gleichgewicht gerät und seine innere Führung es schwer hat, sich durch den Gefühlsdschungel fremder Menschen durchzukämpfen.

Die Verdrängung seines eigenen Wesens und seiner Gefühle macht dann tief im Inneren unzufrieden und dadurch eskalieren bisweilen die Emotionen. Um sich davor zu schützen, mag man dann mitunter auch in eine Rolle hineinschlüpfen und sich hinter einer Maske verstecken, alleine um dem Bedürfnis nach innerer Ruhe Rechnung zu tragen, doch letztlich lässt man sich in aller Regel immer wieder einfangen.

Nun sollte man lernen, sich gegen die Gefühle derer zu schützen, die einen nur als emotionalen Blitzableiter oder Mülleimer benutzen, da sie selbst nicht Herr ihrer Empfindungen und ihres Wesens sind. So entwickelt man dann das berühmte „dicke Fell" gegen innere und (!) äußere Konflikte.

Hoffnungen und Ängste

Man trägt die Hoffnung in sich, den Kontakt zu seiner inneren Führung wieder herzustellen und sich von ihr leiten zu lassen, um so wieder auf den wahren Weg zurückzufinden.

Das gesamte Potential seiner Fähigkeiten an Intuition, Heilung und Kreativität, aber auch der Geduld und der Weisheit regt sich und man verspürt dies im Moment wahrscheinlich noch mit gemischten Gefühlen.

Sich selbst neu zu entdecken ist eine abenteuerliche Aufgabe, der man jedoch ohne weiteres gewachsen ist, wenn man es nur zulässt, dass man auch durch schlechte Erfahrungen nur an Stabilität gewinnen kann, um aus der Unsicherheit der vergangenen Zeit zu lernen. Der Schmerz gehört dabei mit zum Heilungsprozess, auch wenn man dabei vielleicht erkennen muss, dass man aus reiner Blauäugigkeit in eine Situation geraten ist, die man mit seinem vertrauensseligen Verhalten vielleicht sogar noch provoziert hat. Niemand möchte gerne ausgenutzt werden – und dies alles steckt hinter dieser Karte.

Doch im positiven Aspekt bringt die Karte auch die kindlich-naive Hoffnung mit sich, die einen durchaus berechtigt wieder optimistisch werden lässt, so dass wir darauf vertrauen können, dass sich alles schon wieder regeln wird.

Man muss auf seine Weise neu laufen lernen, und vielleicht auch wie ein kleines Kind zunächst noch an der Tischkante festhalten, bis man die ersten freien Schritte machen kann – ein bisschen Übung braucht es schon, aber es gibt keinen Grund, warum man es nicht schaffen sollte.

Beachtenswert bei der Deutung

Der wichtigste Schritt bei dieser Karte ist zunächst, Geduld zu üben und bedächtig an die Lösung des Problems heranzugehen. Jeder übertriebene Eifer wäre kontraproduktiv und würde aller Wahrscheinlichkeit nach das genaue Gegenteil dessen bewirken, was man bezwecken will.

Zunächst gilt es, die Situation in aller Ruhe zu betrachten und vor allen Dingen auch zu versuchen, einen Blick hinter die Masken zu werfen. Manches sieht in der Realität vielleicht doch ganz anders aus, als man es sich vorgestellt hat. Man trägt alle Möglichkeiten zu einer effektiven Transformation in sich. Erlaubt man seinem inneren Selbst dabei zu helfen, wird es einfacher den richtigen Weg zu finden.

Kreuz 7
Rückgang

Grundsätzliche Deutung der Karte

Etwas in der gegenwärtigen Situation bereitet Verdruss und Verluste. Prüfen Sie zunächst, auf welcher Ebene sich dieser Diebstahl vollziehen kann, denn es geht hier nicht nur um materielle Dinge, sondern auch um den Verlust seiner Kräfte im emotionalen oder energetischen Bereich.

Partnerschaft

Jetzt sollte man ein wenig Acht auf sich und seinen Partner geben, denn in der letzten Zeit hat sich in der Beziehung kaum merklich etwas verändert. Es sind keine gravierenden Wandel eingetreten, doch sollten diese neuen Bewegungen eher dafür sorgen, etwas frischen Wind in die Partnerschaft zu bringen, als stetig weiter auseinanderzutreiben.

In dieser Zeit sollte man auch darauf achten, wem man intime Dinge anvertraut. Das heisst nun nicht, dass man jetzt misstrauisch gegen jeden sein sollte – nur ein wenig aufpassen!

Selbsterkenntnis und Hintergründe

Manchmal neigt man dazu, einfach über seine Kräfte zu wirtschaften. Es ist niemals eine ganz große Aktion, welche die Kräfte aufzehrt und sie langsam schwinden lässt, nein, meistens sind es diese unendlich vielen kleinen Dinge, die man sich tagtäglich vornimmt (oder anderen abnimmt) und die man zumeist dann doch nicht alle zu bewältigen schafft.

Es sind aber auch schon einmal kraftraubende Gespräche mit anderen Menschen, die keine neue Energie spenden, sondern die Kräfte abschöpfen, die Sie besser für Ihre eigenen Tätigkeiten einsetzen könnten. Solche „Krafträuber“ erkennt man daran, dass man nach den Gesprächen mit ihnen meistens vollkommen leer und ausgebrannt zurückbleibt, obwohl man vorher noch vor Energie und Tatendrang strotzte.

Die Karte macht darauf aufmerksam, dass es hier wichtig ist, sich und seine Energien vor diesen unnötigen Verlusten zu schützen, denn die verfügbaren Kräfte sind zu kostbar, um auf diese Weise vergeudet zu werden. Auch die Tagesplanungen müssen jetzt überprüft werden. Welches sind die Aktionen, die einem die meiste Zeit und Nerven rauben? Sie sollten nun anders in den Tages- und Arbeitsrhythmus eingebaut werden. Auch auf unsere Mitmenschen, die es unbewusst genießen, von unseren Energiereserven gespeist zu werden, sollten wir nun besonders achten.

Mentales Training und energetische Arbeit, wie auch Visualisierung, sind geeignete Techniken, um sich vor unerlaubten Zugriffen auf dieser Ebene zu schützen.

Konflikte

In der jetzigen Phase geht hier etwas verloren und dies sind: Argumentationsfindung, Konfliktbereitschaft und Kritikfähigkeit.

Es ist nicht leicht, sich mit jemandem zu streiten und Probleme zu diskutieren, der währenddessen beispielsweise fernsieht oder gerade keine Zeit hat, weil „dringendere" Verpflichtungen warten. Später hat sich das Bedürfnis darüber zu reden vielleicht schon gelegt oder der notwendige Antrieb ist nicht mehr da und so sind diese liebenswerten Mitmenschen wieder einmal davongekommen.

Doch wie ist es nun mit einem selbst? Gehört man zu den Leuten, die alles und jedes bis ins Kleinste ausdiskutieren? Oder gehört man zu denen, die lieber warten, bis das Thema sich von selbst erledigt?

Vor Problemlösungen davonzulaufen macht wenig Sinn, auch wenn es nicht angenehm ist, manche Dinge zu hören, die man gar nicht hören möchte. Oder schleicht man gar wie die Katze um den heißen Brei, ohne zu wissen, wie man ein Problem oder ein Thema am besten ansprechen sollte?

Wenn die persönlichen Schwierigkeiten häufiger auf dieser Ebene entstehen, dann ist es hilfreich, einige ergänzende Karten hierzu zu ziehen, die einem helfen, einen Weg und eine Problemlösung zu finden. Kreuz 7 gibt, anders als beispielsweise Kreuz 8, noch keine konkreten Hinweise auf mögliche Lösungen. Sie weist nur darauf hin, in welchen Bereichen diese entstehen.

Hoffnungen und Ängste

Man trägt sich mit inneren Zweifeln und Ängsten, die einen darin hemmen, einen klaren Gedanken zu fassen.

Doch welche Punkte im Leben sind es, welche Relikte aus vergangener Zeit, die diese Selbstzweifel nach oben bringen und somit den Blick für die Realität, für das Selbst und den Wert trüben? Es scheint vielmehr, als wollte man diese verborgenen Ängste durch raffiniertes Verhalten, durch Gerissenheit und Kontrolle übertünchen und überlisten. Doch betreibt man diese Mechanismen beinahe manisch.

Nun gilt es, Kontakt zu seiner inneren Führung, zu seinem Selbst aufzunehmen und zu erforschen, auf welcher seelisch-emotionalen Ebene man einmal so sehr verletzt wurde, dass man die heutigen Mittel und Wege der Kompensation sucht. Dafür sollte man sich etwas Zeit mitnehmen und auch hier, um die Sache zu erleichtern, ergänzende Karten ziehen, um seine Suche zu unterstützen.

Es ist notwendig, die alten Verflechtungen zu lösen und seine (Selbst-)Sicherheit zu stärken.

Beachtenswert bei der Deutung

Die Kreuz 7 ist mitunter wie eine Fata Morgana oder ein Zerrbild, welches uns nicht direkt die realen Dinge weist, sondern uns auf Umwegen zum Ziel gelangen lässt. Nicht immer liegt das Problem dort, wo man es im ersten Moment vielleicht vermuten würde. Deshalb ist diese Karte auch mit einer gewissen Vorsicht zu deuten, denn nicht jedesmal, wenn sie auftaucht, hat der Partner ein Verhältnis oder wird das eigene Aktienpaket aus dem Safe der Bank gestohlen. Deshalb kann es gerade bei dieser Karte vorkommen, dass sich die nachfolgenden Deutungshinweise des öfteren schon einmal zu widersprechen scheinen. Ergänzende Karten sind im Zusammenhang mit Kreuz 7 immer sinnvoll, denn erst diese geben letztlich den entscheidenden Hinweis darauf, wo das Problem zu suchen beziehungsweise, wie es zu lösen ist.

Kreuz 8
Auseinandersetzung

Grundsätzliche Deutung der Karte

Hier gilt es, in der nächsten Zeit sein Pflichtbewusstsein und seine Energie ganz in den Dienst *der einen* Sache zu stellen, die man jetzt zu erledigen hat. Körper, Seele und Geist müssen zu einer Einheit gebracht werden, mit der man das Erreichen dieses Zieles verwirklichen kann. Kraft und Ausdauer sind im Wesenskern jedoch ausreichend vorhanden, um diese Aufgabe zu bewältigen.

Partnerschaft

Ob man noch nach einem festen Lebenspartner sucht oder ihn bereits gefunden hat, auf der einen, wie auf der anderen Seite bereitet diese Situation in der kommenden Zeit einiges an Arbeit – im positiven Sinne.

Man hat sich ein Ziel vor Augen genommen, welches man erreichen möchte und dorthin sollte man nun auch seine gesamte Energie lenken. Wenn man sich innerlich mit dem Problem identifizieren kann, an dessen Lösung man gerade bereit ist heranzutreten, wird man sehr schnell in einen Zustand fließender Energie und Gefühle gelangen, der es ermöglicht, beinahe spielerisch die schwierigen, kleinen Dinge zu erledigen, die bisher vielleicht „im Weg" waren.

Dadurch empfindet man sein Tun dann auch nicht als belastende Arbeit oder Mühe, sondern wahrscheinlich eher als einen wichtigen, befriedigenden Beitrag, den man zur Bewältigung eines Problems geleistet hat.

Selbsterkenntnis und Hintergrund

Wenn uns etwas besonders gut gelungen ist und wir die Herstellung und Entwicklung einer Sache oder Situation als einen ausnehmend beglückenden und erfüllenden Zustand erfahren haben, dann behaupten wir zumeist, dass wir diese Sache „mit Liebe gemacht haben".

Bei anderen Dingen kann man es sich vielleicht kaum vorstellen, sie mit Liebe zu machen, weil man sie für eine belastende Verpflichtung hält. Doch warum lehnen wir diese im Vorfeld schon als Arbeit ab? Vielleicht, weil sie uns zu gering, zu kompliziert, zu schmutzig oder auch zu langweilig erscheinen?

Häufig sind uns diese Arbeiten jedoch nur zuwider, weil wir in unserem Inneren bereits ein vorgefertigtes Bild davon tragen. Wenn man bereits mit einer negativen Vorstellung an die Aufgabe herangeht, wird man fast zwangsläufig an dem Punkt aufgeben, an dem man auf kleinere Rückschläge oder Verzögerungen trifft.

Erstaunlicherweise werden diese Misserfolge jedoch weitgehend reduziert, wenn man es sich erlaubt, in den Zustand des Fließens zu gelangen. Dies ist die harmonische Einheit zwischen dem, was man tut und dem, was daraus wird – also zwischen Künstler und Kunstwerk. Es ist ein Aufgehen in der Tätigkeit, die somit erfüllend wird und die Erfolge bringt, ohne dass man dies bewusst forciert hat.

Vieles, was uns also für uns selbst als belastend erscheint, hängt von dem Bild dieser Sache ab, welches wir in uns tragen. Wenn es gelingt, etwas „fröhlichere Farben“ mit ins Spiel zu bringen, wird sich das Szenario auch grundlegend wandeln.

Konflikte

Wenn die Arbeit zur Droge wird, die Priorität vor allen anderen Dingen hat, oder wenn das krasse Gegenteil davon der Fall ist, nämlich, dass man alles tun möchte, bloß nichts, das mit Arbeit zu tun hat, dann bringt das im Zusammenleben mit unseren Mitmenschen gewaltige Probleme mit sich. Es ist das Zuviel oder Zuwenig, welches hier die Schwierigkeiten schafft. Es sind die persönlichen Belastungsgrenzen und Frustrationen, aber auch die der anderen.

Es zeigt sich, dass man in sich eine Fülle kreativer Gedanken trägt, die dazu verhelfen könnten, solche Situationen ohne große Mühe zu überwinden. Irgendwo tief unten in irgendeiner Schublade ist das Konzept für die Lösung bereits vorhanden, das einzige, was hier noch fehlt, ist die Motivation.

Hoffnungen und Ängste

Es gibt Zeiten großer Belastungen und während wir in einer solchen Phase sind, hoffen wir stetig darauf, dass wieder bessere Zeiten kommen werden. Wird eine solche Phase zu lang, so dass unsere Kräfte beständig schwinden, wir aber kaum dazu kommen, die fehlenden Energien wieder aufzutanken, tauchen oft bedrohliche Vorstellungen auf. Beispielsweise, dass wir auf lange Zeit der Fülle der Anstrengungen nicht mehr gewachsen sein werden. Vorschnell neigen wir dann dazu zu resignieren und uns vorzustellen, „dass der Himmel uns auf den Kopf fällt?“

Kreuz 8 zeigt sicherlich die Zeiten großer Belastungen an, doch sie weist auch auf die Überwindung von Problemen hin. Hier wird dieser Zustand nicht mehr bis zum „Sanktnimmerleinstag“ anhalten, sondern in absehbarer Zeit Wandlung erfahren.

Beachtenswert bei der Deutung

Hier sollte man sich nicht zurückschrecken lassen, auch wenn der Lohn der Arbeit noch nicht in Sichtweite ist. Man hat eine Herausforderung angenommen und die Bemühungen werden auf kurz oder lang auch Erfolge zeigen. Man sollte jedoch darauf achten, sich mental zu stärken und diese Fähigkeit noch ein wenig trainieren.*

---

*Oft wird hier nach der zeitlichen Spanne gefragt, in der sich das Ziel verwirklichen lässt. Grundsätzlich gilt immer ein „absehbarer Zeitraum“, also eine Zeitspanne, die man planen kann. Jedoch, wer weiss, dass selbst Tagespläne sich mitunter kurzfristig nicht einhalten lassen, kann erkennen, dass eine Bezifferung nach Zeiträumen hier kaum möglich ist.

Kreuz 9
Verborgenes

Grundsätzliche Deutung der Karte

Man hat die ersten leisen Regungen seiner inneren Führung nicht wahrgenommen oder sogar ganz bewusst ignoriert. Nun hat sich die Situation verstärkt und man erfährt, dass die Gedanken und Gefühle mittlerweile des Öfteren ihre eigenen Wege gehen. So grübelt man bisweilen über eine Lösung seines Problems, doch stochert man dabei noch zu sehr an der Oberfläche und wagt sich nicht in die tieferen Regionen hinab. Dabei könnte man gerade dort erfahren, auf welche Weise man seine Schwierigkeiten lösen und auch zukünftig vermeiden kann.

Man hat die Wahl, nun tätig zu werden und aktiv an die Bewältigung heranzugehen oder darauf zu vertrauen, dass jemand anderes (oder die Zeit) dieses Problem für einen löst. Doch auch damit würde man letztlich wiederum zur Verdrängung neigen und nicht die Selbstverantwortung übernehmen.

Nun sollte man sich bewusst machen, dass man selbst der Herr des Geschehens ist und dass jedes unaufgearbeitete Problem in der Zukunft wieder erscheinen wird, dann aber beinahe doppelt so groß wirkt. Es gilt einzugreifen, bevor diese Situation zu einem ernsten Problem wird.

Partnerschaft

Derzeit tut man sich schwer damit, unbefangen auf seinen Partner und seine Mitmenschen zuzugehen, denn der Energiefluss ist auf irgendeine Weise ins Stocken geraten.

Was verhindert hier das reibungslose Strömen der Gefühle? Die Antwort darauf ist der Ansatzpunkt für die Problembewältigung.

Selbsterkenntnis und Hintergrund

Man hat das bestehende Problem bereits vor einiger Zeit erkannt, als es noch relativ klein und unbedeutend war.

Seit diesem erstmaligen Erkennen schiebt man die Klärung der Sache jedoch vor sich her. Sei es aus Unentschiedenheit über den Weg, den man dazu einschlagen sollte oder aus Furcht, eine Entscheidung zu treffen, mit der man sich später vielleicht nicht einverstanden fühlt.

Es ist wichtig, zu ergründen, was man tief im Inneren wirklich möchte und dann zu überlegen, wie man zu diesem Ziel gelangen kann. Wenn man alleine in dieser Hinsicht schon unentschieden ist, dann bleibt die Möglichkeit, den quasi umgekehrten Weg zu gehen und sich zumindest zu fragen, was man *nicht* will. Meist trifft man eine solche Auswahl eher, um sich dann Zug um Zug einer akzeptablen Lösung zu nähern.

Konflikte

Unentschiedenheit und Ausflüchte bringen im Zusammenhang mit dieser Karte die meisten Probleme.

Niemand wird es einem übel nehmen, wenn man seine Meinung klar formuliert und äußert, solange man sie nicht mit Aggressivität oder Fanatismus verbreitet. Doch für manchen ist eine prägnante Aussage zu treffen oder eine mit dem Umfeld nicht konforme Meinung zu vertreten, kaum vorstellbar. Beständig schleicht die Angst sich ein, dass andere uns weniger mögen, nur weil wir ihre Ansichten nicht teilen. Da gibt es dann ein „Jein", „Vielleicht", „Demnächst" u.ä. Im anderen Extrem vertritt man hier Anschauungen sehr radikal, aggressiv und in manchen Fällen auch lautstark, um auf diese Weise gegenteiligen Argumenten direkt vorzubeugen, ja, seine Gesprächsteilnehmer regelrecht niederzubrüllen.

Es geht also darum, eine klare Aussage zu treffen, aber auch die Argumente anderer gelten zu lassen.

Hoffnungen und Ängste

Unsicherheit und Selbstzweifel sind wie eine Lawine, die irgendwo durch eine minimale Begebenheit ausgelöst wurde und sich irgendwann zu einer reißenden Masse auswächst, die alles unter sich begräbt. Irgendwann in der Vergangenheit hat es eine Situation gegeben, in der man große Unsicherheit verspürte und die Angst davor, erneut in eine solche Lage zu geraten, setzt Mechanismen in Gang, mit denen man fast unvermeidbar wieder versagt. Alleine die Befürchtung, dass dieses Ereignis sich wiederholen könnte, führt dazu, dass man genau die Fehler begeht, die alles zum Scheitern bringen. Irgendwann gerät dies alles zu einem Teufelskreis, dem man nur schwerlich zu entrinnen vermag. Jeder Fehlschlag wird die Unsicherheit noch verstärken und an anderen positiven Ereignissen mag man sich dann kaum aufbauen, weil nur dieses eine große und scheinbar unerreichbare Ziel zählt.

Immer wieder gibt man sich der Hoffnung hin, eine Prüfung zu bestehen, sich auf einer Gesellschaft nicht bis auf die Knochen zu blamieren oder versucht, alle möglichen Situationen zu vermeiden, in denen man auf bekannte Art und Weise in die Bredouille gerät. Je weiter man sich durch seine Misserfolge jedoch von dem anvisierten Ziel entfernt, desto größer klafft die Schlucht und die Bereitschaft, Hemmnisse hinzunehmen und dagegen anzugehen, sinkt.

Hier gilt es, sich auf kleinere Schritte zu begrenzen und sich erreichbare Etappen, die zum großen Ziel führen können, zu setzen. Wählt man die „Gänsefüßchenschritte", dann stellen sich auch bald Erfolgserlebnisse ein und das Selbstbewusstsein bekommt neuen Schwung! Das Endziel darf man so, Schritt für Schritt, getrost im Auge behalten.

Beachtenswert bei der Deutung

Man befindet sich im Moment in einem Zustand der zwischen den Inhalten der Karten „Herz 8“ und „Karo 7“ liegt. Die erste Bewusstmachung hat man vollzogen, doch es gilt jetzt zu handeln, damit sich die Situation nicht verschlechtert. Schwieriger wird die Interpretation, wenn es darum geht, ob ein bestimmter Ausgang vermieden werden kann, wenn man etwas tut – oder bewusst gar nichts tut. Beide Möglichkeiten sollte man in Betracht ziehen, denn überaktive und undurchdachte Reaktionen sind hier in jedem Fall unangebracht.

Falls man hinsichtlich der weiteren Vorgehensweise unsicher ist, zieht man noch eine oder mehrere Karten zur Erläuterung, danach wird der Weg klarer sein.

Kreuz 10

Fürsorge

Grundsätzliche Deutung der Karte

„Der Schlüssel wird die rechte Stelle wittern. Folg ihm hinab, er führt Dich zu den Müttern!" „Den Müttern! Triffts mich immer wie ein Schlag! Was ist das Wort, das ich nicht hören mag?" Ein Dialog zwischen Mephistopheles und Faust in Goethes Tragödie. Doch kaum etwas könnte den Sinngehalt der Karte besser treffen, als die wenigen Sätze dieses Gespräches. Die Mutter ist es und die Mutterrolle, die bei dieser Karte im Vordergrund steht. Sie beinhaltet die Aspekte der großen Mutter, der weisen Frau und verkörpert im übertragenen Sinne die Inhalte der Eleusinischen Mysterien, in denen die Göttertrias Demeter (Mutter), Kore (junges Mädchen/Tochter) und Persephone (altes Weib/Wandlerin) verehrt wurde.

Es ist aber darüber hinaus auch unser Verhältnis zu allem Weiblichen, wie es uns in unseren Mitmenschen begegnet. Wie auch bei „Kreuz König", sind die Inhalte dieser Karte nicht an eine physische Erscheinungsform als Mann oder Frau gebunden, sondern die Qualität des Selbst ist damit gemeint. Eine Frau trägt weibliche und männliche Aspekte und Wesenszüge in sich und dies tut ebenfalls ein Mann, es geht hier nur um die Frage, wie die einzelnen Bereiche gelebt werden.

Wenn man seine Qualitäten bereits bewusst erkannt und angenommen hat, dann sollte man sich in der nächsten Zeit ganz bewusst darauf einstellen. Wenn man sich seiner innersten Eigenschaften jedoch noch nicht bewusst ist, dann hilft diese Karte dabei, sich auf die Suche nach seinem Selbst zu machen – man wird dabei Schutz und Unterstützung erhalten.

Partnerschaft

In dieser Zeit öffnet man sich für beglückende Erfahrungen und lässt die positiven Gefühle anderer Menschen für sich gerne zu, ja man erspürt sie sogar auf eine ganz neue, intensive Weise.

Auch den Problemen anderer Menschen begegnet man freimütiger, denn jetzt hat man die Kraft, ihnen zu helfen.

Wenn die Zeiten so unbeschwert und voller schöner Gefühle sind, dann möchte man diesen Zustand erhalten, solange es geht. Doch dies kann auch dazu führen, dass man sich festklammert und nicht mehr frei lässt. Anstatt sich an den wunderschönen Gefühlen zu erfreuen, hadert man und verliert viel Zeit, letztlich ist man dann vielleicht unbefriedigt wegen des Ergebnisses.

Dazu muss man lernen loszulassen und trotzdem die Erfahrung zu machen, dass man mit offenen Händen immer wieder aus dem Vollen schöpfen kann. Mit geschlossenen und klammernden Händen beschränkt man sich jedoch selbst. So kann man sich und seine Partnerschaft aus einer vollkommen neuen und freien Perspektive erleben.

Selbsterkenntnis und Hintergründe

Geburt, still werden, etwas betrachten, sich etwas bewusst werden, umwandeln, akzeptieren, Tod – dies sind alles Begriffe, die wir im ewigen Zyklus von Leben und Sterben, Werden und Vergehen immer wieder erfahren und letztlich auch durchleben.

Dabei entdecken wir alle immer wieder viel über uns selbst, denn wenn wir versuchen, gegen den Strom zu schwimmen, werden uns die Lebenswellen wie ein kleines Papierschiffchen von einer Seite auf die andere werfen. Dabei kommt man vielleicht ein Stück voran, doch irgendwann schwinden die Kräfte und man schafft es nicht mehr, gegen die Urgewalten anzukämpfen.

Es hilft, den Lebenskreislauf zu akzeptieren indem man erkennt, dass auch Emotionen zu einem gehören und sehr wichtig sind, ebenso wie das Bedürfniss nach Schutz und Geborgenheit. Glauben und Spiritualität helfen hier, nicht zu verzweifeln und die Hoffnung und Liebe im Leben zu verankern. Dies muss nicht unbedingt in einer religiösen Gesellschaft gelebt werden, sondern kann auch an einem kraftvollen Ort, ganz in der Zwiesprache mit der schöpferischen Macht geschehen.

Konflikte

Die Schwierigkeiten im Leben ergeben sich häufig durch emotionale Reaktionen, mit denen man sein Umfeld vielleicht mehr unbewusst unter Druck setzt. Dies kann durch aufbrausendes Verhalten auf der einen Seite oder devote Unterwerfung mit Leidensmiene und Gejammer auf der anderen Seite sein.

Häufig liegen die Ursachen für solche Verhaltensschemata in der Kindheit oder im verdrängten Erlebnis einer Situation, in der man sich alleine, verlassen und schutzlos vorkam. Die Befürchtung, das eigene Ansehen und die Zuneigung anderer zu verlieren, führt dann schließlich dazu, dass wir beginnen, unser Umfeld auf möglicherweise subtile Art zu manipulieren. Der Zweck wird dadurch im Zweifelsfall zwar erreicht, doch wird das gemeinsame Leben in der Folge immer sumpfiger und morastiger.

Auch in der Argumentation benutzt dann eine der Parteien selten eine Wortwahl und einen Tonfall, welcher der Sache angemessen und dienlich wäre. Vielmehr wird eher der moralische Zeigefinger erhoben oder mit emotionaler Erpressung die Erfüllung des eigenen Wunsches bewirkt.

Hoffnungen und Ängste

Bisher hatte man im Leben immer noch Begleitschutz durch eine Person, die dem eigenen Bedürfnis nach Mütterlichkeit und Verständnis sehr nahe kam. Dies kann die Mutter, Großmutter, eine gute Freundin gewesen sein, aber auch ein guter Freund, ein Lehrer oder Vorgesetzter.

Die Hoffnung erstreckt sich nun darauf, dass auch in der Zukunft jemand da sein wird, der dieser Mutterprojektion zu entsprechen vermag, doch zugleich ist dies auch eine stille Befürchtung, denn man weiss genau, dass ein notwendiger Abnabelungsprozess durch die unmittelbar folgende Anbindung an eine andere Person ersetzt wird.

Es geht bei dieser Karte auch darum zu lernen, dass man tief in sich selbst über ausreichend emotionale Kräfte und Selbstbewusstsein verfügt, um mit den kleineren und größeren Widrigkeiten des Lebens fertig zu werden. Es ist eben auch die Auseinandersetzung mit „Mutter Courage"!

Beachtenswert bei der Deutung

Es ist hier von Bedeutung, herauszufinden, ob es sich um die eigene Mütterlichkeit und die eigenen Emotionen handelt oder ob man von jemandem begleitet wird, der ständig ein offenes Ohr und eine Schulter zum Anlehnen leiht und auch den berühmten Rockzipfel zum Verstecken bietet.

Sich selbst auf eigene Füße zu stellen, aber auch anderen die Möglichkeit zur Selbständigkeit zu geben, ist eine Aufforderung, die diese Karte mitbringt.

Kreuz Bube
Härte

Grundsätzliche Deutung der Karte

Nun ist es an einem selbst, seine Rechte und Ansprüche durchzusetzen. Es geht um das innere Wesen, um das Selbst, um die Wünsche und Ziele, aber auch um den Schutz seiner eigenen Person.

Hier sollte man sich grundsätzlich wehren und das einfordern, was einem zusteht. Doch dabei muss man sich bewusst sein, dass es vielleicht ein hartes Gefecht werden kann. Trotz allem sollte man aber die Gebote der Fairness und Offenheit nicht verletzen.

Partnerschaft

Derzeit gibt es ein wenig Differenzen in den zwischenmenschlichen Beziehungen, weil in einer bestimmten Aktion zwei grundsätzlich verschiedene Meinungen aufeinandertreffen und die Erfüllung der Bedürfnisse der einen Seite in die Rechte der anderen Seite eingreift. Dies sorgt für Auseinandersetzungen, die nicht unbedingt ein dramatisches Ausmaß annehmen, wenn beide Seiten noch kompromissbereit sind und bald handeln.

Hier muss man nun überlegen, ob es in diesem Fall notwendig ist, seine Meinung durchzusetzen oder ein Recht um jeden Preis einzufordern. Dabei kann es helfen, sich in die Situation seines Gegenübers zu versetzen und dessen Argumentation aus dessen Sichtweise auch für sich selbst einmal zu hinterfragen. Vielleicht haben ja hier beide Parteien einen Anspruch auf ihren Teil der Wahrheit und keiner von beiden hat so ganz Recht oder Unrecht. Weiterhin ist es wichtig zu überlegen, ob man zur Klärung dieser Sache dann tatsächlich viel Staub aufwirbeln will.

Selbsterkenntnis und Hintergrund

Man hat normalerweise einen sehr guten Kontakt zu seiner inneren Führung und entscheidet daher zumeist intuitiv, was für einen selbst richtig oder falsch, wahr oder gelogen ist.

Man lässt sich von Missständen und Ungerechtigkeiten, die einem selbst geschehen oder die die Mitmenschen erleben, nicht unterdrücken und geht sogar des öfteren rebellisch dagegen an. Dabei erntet man nicht immer Verständnis aus seinem Umfeld, sondern manchmal auch Hochmut, Spott und Häme.

Das mag uns dann bisweilen dazu bringen, dass wir uns zurückziehen und unsere Wunden lecken, vielleicht schwören, uns nicht mehr für andere einzusetzen oder selbst jemanden um Hilfe oder Unterstützung zu bitten.

Aus diesen Erfahrungen muss man lernen, auch wenn sie bitter sind. Doch darf man sich gewiss sein, dass oben genannte Bemühungen irgendwann einmal Früchte tragen werden, denn man hat einen Prozess in Gang gesetzt, der sich in den Gedanken der anderen erst einmal manifestieren muss. An den folgenden Handlungen wird man erkennen, ob man sein Ziel erreicht hat.

Konflikte

Rebellion gegen Missstände, die unfrei machen, ungerecht sind und die Menschen ungleich behandeln, ist eine durchaus gute Sache, doch hängt die Glaubwürdigkeit und die Wirkung mitunter sehr davon ab, wie dieser Aufruhr stattfindet.

Hier ist die Wahl des richtigen Mittels gefragt, weder über- noch unterdimensioniert sollte es sein. Radikalismus einerseits und Pazifismus andererseits können die beiden Extreme darstellen, mit denen man in der einen oder anderen Art versucht, seine Mitmenschen dazu zu bewegen, ihren Standpunkt aufzugeben. Auch ist die Fama, das Gerücht, das verbreitet wird, nicht gerade ein fairer Zug.

Diplomatie will hier erreicht werden, mit der man zwar freundlich, doch auch bestimmt seine Wünsche und Argumente vorzutragen weiss. Konflikte werden auf diese Weise aufgelöst, wenn man nicht mit Aggressivität seine eigenen Rechte und die Pflichten anderer einfordert.

Hoffnungen und Ängste

Man spürt die Impulsivität in sich und den Wunsch, bestehende Beschränkungen niederzureißen und für alle eine Welt in Frieden, Gerechtigkeit und Freiheit zu errichten. (Aber bitteschön nur mit einem selbst als Regenten, weil man ja weiss, wo es langgehen soll.) Man ist sich auch der enormen Energien bewusst, die man in sich trägt, um sein Umfeld wachzurütteln und die Missstände aufzuzeigen.

Die dabei entstehenden Komplikationen drängen einen dann mitunter in einen Randbereich, wo man sich entweder für den Schutz seiner eigenen Person oder den der Allgemeinheit entscheiden muss. Man kämpft gerne für diejenigen, die ärmer und schwächer sind als man selbst und bekommt dafür so manche Wunde geschlagen.

Falls man sich von Sanktionen bedroht sieht, sollte man seine eigenen Vorstellungen und Wünsche hinterfragen und klären, ob das angestrebte Weltbild und die Art, wie man es verwirklichen möchte, mit den Wünschen und Gefühlen des Umfeldes stimmig ist. Es besteht bei dieser Karte die Möglichkeit, dass man zu einer Art Märtyrer für seine Ziele wird. Wenn man das nicht will, muss man seine Intentionen überprüfen.

Auch sollte man darauf achten, dass die Verletzungen, die man sich in seinen (Lebens-) Kämpfen zuzieht, nicht bedrohlich für Körper und/oder Geist werden. Sollte man merken, dass die Energien schwinden, so ist es ratsam, sich lieber für eine Zeit zurückzuziehen, um seine Kräfte neu zu konzentrieren.

Man ist der erstrebten Gemeinschaft näher als man denkt und darf sich sicher sein, dass man durch seine Antriebskraft und seinen Willen die Situation um sich herum auch zum Besten wenden kann.

Beachtenswert bei der Deutung

Man geht entschlossen an die Bekämpfung von Unwahrheiten und veralteten Ansichten wie auch verfahrenen Situationen heran. Soweit bringt die Karte auch durchaus positive Aspekte mit sich.

Es sollte jedoch auch wichtig sein, dass man überprüft, ob man nicht im Außen bekämpft, was sich im Inneren selbst attackiert und nur durch geschickte Verdrängung bisher unter dem Mantel des Unbewusstseins bleiben konnte.

Auf welcher Seite man auch die Ursache für den bestehenden Konflikt entdeckt, so gilt bei Kreuz Bube ein wichtiger Rat, nämlich nicht alles in Scherben zu schlagen, sondern noch soviel Raum und Substanz bestehen zu lassen, dass auf dieser Basis neu aufgebaut werden kann.

Hier muss man dann auch zeigen, dass man nicht nur kämpferisch ist, sondern dass man auch verzeihen, annehmen und lieben kann.

Kreuz Dame
Falschheit

Grundsätzliche Deutung der Karte

Diese Karte zeigt ein Gebilde aus Unwahrheiten und Falschheit, aus Unaufrichtigkeit und Schatten. Wenn man sich im Wirkungskreis dieser Karte bewegt, steht eine Zeit bevor, in der man sein Umfeld und sich selbst mit größter Aufmerksamkeit betrachten sollte.

Es geht hier um halbe und verdrehte Wahrheiten, die somit zu ganzen Lügen werden. Aber auch bewusste Unaufrichtigkeiten sind gemeint, die darauf hinzielen sollen, andere Menschen zu verletzten oder in die Abhängigkeit zu führen, indem man emotionale Macht über sie zu erlangen versucht.

Dahinter steckt ein enormes Potential an Kraft und Wissen, doch wird es nicht für gute, altruistische Zwecke eingesetzt, sondern für die rücksichtslose und egoistische Befriedigung der eigenen Ziele. Mit dieser Karte wird darauf hingewiesen, dass etwas oder jemand versucht, uns hier in unseren Rechten zu beschränken oder in irgendeiner Weise zu übervorteilen. Dies kann durch Gerede geschehen, aber auch durch Handeln oder Unterlassen einer Aktion. Als Mobbing ist dieses Phänomen in den letzten Jahren bekannt geworden und Kreuz Bube symbolisiert hier beide Parteien, die davon betroffen sind, die Täter und die Opfer.

Partnerschaft

Die gegenwärtige Situation ist nicht gerade durch Aufrichtigkeit geprägt, irgend jemand spielt ein falsches Spiel. Das muss nicht zwangsläufig der Partner sein, sondern dies kann auch eine nahestehende Person sein, zu der man eine sehr starke Anbindung hat (eventuell auch ein Arbeitskollege o. ä.). Notfalls muss man sich fragen, ob man selbst hier momentan vielleicht nicht mit offenen Karten spielt.

Weiterhin geht es aber auch um die Projektion der eigenen Schatten auf andere, das heißt, dass wir uns selbst gerne als die Guten und Reinen betrachten, aber in anderen bisweilen das personifizierte Böse zu entdecken meinen. Häufig ist es nur gerade eine Spiegelung dessen, was wir selbst sind und an uns nicht mögen, das wir am anderen kritisieren.

Hier sollte man nicht versuchen, an anderen seine eigenen Krankheiten zu kurieren, sondern darauf zu schauen, wo die eigenen Komplexe und Fehler dazu führen, dass man in seinen Beziehungen die Herrschaft über den anderen erlangen möchte.

Betrachtet man dann in der folgenden Zeit etwas genauer, *was* man an anderen kritisiert, und versucht man sich dann selbst im Spiegel seiner Worte und Gedanken zu betrachten, kann man vielleicht schnell feststellen, ob es tatsächlich die Eigenschaften der anderen sind, die uns stören oder ob es das Echo oder Ebenbild unserer eigenen Schwächen ist.

Selbsterkenntnis und Hintergrund

Die Bedeutung der „Kreuz Dame“ für das eigene Leben ist: „Erkenne die Schatten und nehme sie an!“

Dies ist nun aber kein Alibi, mit dem man sich das Recht herausnehmen kann, alles zu tun, was man möchte, auch auf Kosten anderer, weil „Ich eben so bin?“. Denn dies würde bedeuten, dass man seinen dunklen Aspekten Freiraum gibt, damit sie sich verselbständigen.

Deshalb sollte man sich von den zerstörerischen Trieben lösen, die Unwahrheit, Selbstverleugnung und Zweifel mit sich bringen und das enorme Potential an Kraft entdecken, das hinter dem eigenen Verhalten steckt. Hilfreich ist es, dazu die Art der Verlockungen zu ergründen, die einen dazu bringen können, seine Ideale umzukehren.

Konflikte

Klatsch und Tratsch und der berühmte „Kölsche Klüngel" führt hier zu Konflikten. Verbrüderungen und Vetternwirtschaft gehören ebenfalls zu den Schlagworten, die mit der „Kreuz Dame" symbolisiert werden.

Mit der Weitergabe von Informationen und Aufträgen an bestimmte Personen leben wir dann auch Machtgelüste aus, denn wir entscheiden selbst, wem wir was zukommen lassen.

„Kreuz Dame" weist auf diese Verstrickungen hin, sie verhält sich aber in diesem Sinne wie Eris, die griechische Göttin der Zwietracht, die hier nur den Sachverhalt andeutet, aber keine klare Aussage dazu trifft, ob man selbst nun in irgendeiner Weise übervorteilt wird oder ob man sich selbst gönnerhaft seiner Umwelt gegenüber aufspielt.

Vielleicht neigt man dazu, es in dieser Situation mit der Wahrheit (auch sich selbst gegenüber!), der Schweigsamkeit oder der unvoreingenommenen Gleichbehandlung nicht so genau zu nehmen. Oder man ist eher in der Opferrolle zu sehen und wird hier auf dem Lebensaltar vorgeführt.

Wer hier noch nicht klar sieht, sollte ergänzende Karten hinzuziehen und das Bild wird in aller Regel deutlicher – es sei denn, unser Ego möchte gar nicht so genau hinschauen!

Hoffnungen und Ängste

Bei dieser Karte konzentrieren die Hoffnungen sich darauf, aus einem Sumpf aus Lügen und Gerede herauszukommen. Doch dazu sollte man auch bedenken, dass wir erst dann, wenn wir die Macht dieser Unwahrheiten über unser Leben zulassen, ihr selbst die Tür öffnen, um sie hereinzubitten. Deshalb ist es wichtig, die Verantwortung für unser Leben zu übernehmen und auch zu den Dingen zu stehen, die man vielleicht vor langer Zeit einmal getan hat, und die einem heute unangenehm sind. Diese dunklen Stellen gilt es anzunehmen und sich nicht erpressbar zu machen – weder für andere, noch für sich selbst.

Auch wenn man diese kleinen Punkte im Leben analysiert und akzeptiert hat, muss man sich zudem noch mit der Möglichkeit auseinandersetzen, dass irgendwann einmal ein Dritter über diese Dinge berichtet. Darauf sollte man gefasst sein und sich von dieser Möglichkeit nicht erschrecken lassen. Hat man diese Ängste erkannt und ist ihnen selbst bereits freiwillig und frühzeitig begegnet, so wird man zu dem maßgeblichen Zeitpunkt stark genug sein, um diese Situation durchzustehen.

Beachtenswert bei der Deutung

Es geht bei „Kreuz Dame“ darum, seine eigenen Schattenseiten und auch die Ängste und Komplexe anderer zu erfahren, sowie die Wechselwirkungen, die sich aus dem Verhalten aller Beteiligten ergeben.

Man muss nun misstrauisch gegen jeden reagieren, der einem begegnet, nachdem man diese Karte gezogen hat. Auch sollte man seiner inneren Führung genügend Freiraum lassen, um Situationen und Personen zu erkennen, die einem nicht offen entgegenkommen.

Man muss versuchen zu ergründen, ob man den Aspekt der „Kreuz Dame“ im Außen oder in sich selbst suchen sollte. Dabei ist es nicht immer leicht, möglichst objektiv vorzugehen. Aber ein vorgeschobener Sündenbock wird einem auf die Dauer nicht weiterhelfen. Letztlich gilt hier der Spruch „Was du nicht willst, was man dir tu,, das füg, auch keinem anderen zu?“

Kreuz König
Autorität

Grundsätzliche Deutung der Karte

Autorität, Kraft und schützende Macht, durch diese Qualitäten wird die nächste Zeit bestimmt sein. Der „Kreuz König" deutet dabei auf eine ältere männliche Person hin, wie sie beispielsweise durch den Vater, Großvater, Onkel oder einen väterlichen Freund verkörpert werden kann. Nicht immer steht sie jedoch für eine männliche Person, sondern, wie Kreuz 10, durchaus auch für eine Frau, die sehr stark ihre männlichen Aspekte lebt.

Inhaltlich ist der „Kreuz König" auch mit Machtbewusstsein und Durchsetzungsvermögen in Verbindung zu bringen. Darüber hinaus wird man im Bereich dieser Karte aufgefordert, Kontakt mit seiner inneren Führung aufzunehmen und sich zu hinterfragen, wie man selbst im Verhältnis zu Autorität und „Vaterherrschaft" steht.

Partnerschaft

Man sucht nach dem starken, weisen und erfahrenen Mann im Partner, nach dem machtvollen Herrscher, der einen in väterlicher Sorge umhegt und schützt. Dabei läuft man Gefahr, ein Bild auf seinen Partner zu projizieren, dem er oder sie wahrscheinlich nur schwer zu entsprechen vermag.

Wenn man dann entdeckt, dass der Partner diese Züge nicht in sich trägt, die man bis dahin immer in ihm oder ihr gesehen hat, reagiert man entsetzt und enttäuscht.

Hier neigt man dazu, anstelle seines Partners bestimmte Handlungen vorzunehmen, und ihm oder ihr nachher aber dann die Lorbeeren zu überlassen, um das Fehlende zu kompensieren und unser Weltbild wieder zurechtzurücken.

Ab einem gewissen Punkt läuft man jedoch Gefahr, dem Partner nichts mehr zuzutrauen, selbst nur noch zu regieren und zu handeln, aber immer mit dem innerlichen Wunsch, dass der andere uns beweist, dass er über genügend Stärke und Initiative verfügt – doch wir lassen ihm kaum noch die Chance, das zu beweisen. Vielleicht will der Partner für uns auch gar nicht der heldenhafte Ritter sein, der ständig immer wieder aufregende Lebenskämpfe bestehen muss, um ständig seine Zuneigung zu belegen?! Auch diese Alternative sollte man in Betracht ziehen, wenn man den müden Kämpfer unbedingt wieder in die nächste Schlacht schicken will, damit er irgendwelche Heraclesaufgaben* für uns erfüllt.

Selbsterkenntnis und Hintergründe

Man muss sein Verhältnis zu Autorität und väterlicher Herrschaft erkunden. In den Gedanken kann man für sich ein Bild zeichnen, auf dem man darstellt, was man mit dem Begriff „Vater" verbindet.

Wie wirkt sich dieses Vaterbild auf unsere eigenen, inneren Machtansprüche aus, wo lebt man seine eigene, natürliche Autorität – und wo schickt man andere vor, um Tapferkeit, Mut und Ausdauer unter Beweis zu stellen.

Der männliche Teil unseres Wesens drängt hier nach Verwirklichung. Mit dem „Kreuz König" möchte man herrschen und dies bedeutet mitunter auch, für sich in Anspruch zu nehmen, als einziger so weise zu sein, dass man rechtsprechen und (ver-)urteilen darf. Wir verlangen dann von unseren „Untertanen", sie mögen die Aufgaben und Prüfungen erfüllen, die wir ihnen stellen.

Für uns selbst reservieren wir gerne auch schon einmal nur die Rosinen aus dem Kuchen. Doch auch, wenn wir andere vorschicken, partizipieren wir ja an deren Erfolgen, denn schließlich stehen wir ja mit im Rampenlicht, wenn die Ehrung erfolgt.

*Der griechische Held Heracles hatte im Auftrag von Zeusgattin Hera zwölf Aufgaben zu bestehen, die sonst kein Sterblicher zu bewältigen vermochte. Erst nachdem er alles erfüllt hatte, wurde er in den Olymp aufgenommen.

Konflikte

„Dienen ist schön, aber nur, wenn man es freudig und aus freiem Willen tut."* Wer hier nicht bereit ist, auch einmal anderen zu dienen, wird mit seinem Umfeld auf kurz oder lang unweigerlich in Konflikte geraten.

Die Karte weist auf Menschen hin, die sich gerne bedienen lassen und erwarten, von jeder Beute möglichst immer das größte Stück zu erhalten. Anstrengen dürfen sich dafür aber hauptsächlich die anderen.

Kaum verwunderlich, dass man auf die Palme geht, wenn der Vorgesetzte sich immer die Federn anheftet, die einem selbst zustehen. Schließlich zeugt die Art und Vielfalt dieser Federn doch von schwierigen Aufgaben, die man bewältigt hat.**

Rangkämpfe jedweder Art werden durch „Kreuz König" verkörpert, denn hier geht es um eine Vormachtstellung. Man möchte herrschen und versucht dies mit allen Mitteln zu erreichen. Befindet sich dann noch die „Kreuz Dame" in der Nähe, so setzt man dies auf unlautere Weise um.

Hoffnungen und Ängste

Die Karte fordert dazu auf, eine weise Entscheidung mit Herz und Verstand zu treffen. Die Lösungshinweise bietet der „Kreuz König" einem an, wenn man genau darauf achtet (oder noch weitere Karten dazu heranzieht) welche Karten in der Nähe liegen. Dies bedeutet darüber hinaus auch, die Tendenzen zu erkennen, in welche Richtung man sich mit seiner Entscheidung bewegen kann. Ob man zum Beispiel ganz bewusst den schwierigeren Weg geht oder ob man versucht, Unannehmlichkeiten zu vermeiden und dann den einfacheren Weg einschlägt.

Um eines muss man sich im Klaren sein: Diese Karte

---

*Pearl S. Buck

**Bei vielen Indianerstämmen zeugte der Kopfputz von den vollbrachten Kriegstaten bietet auf jeden Fall die Möglichkeit, seine Hoffnungen zu verwirklichen, doch liegt es an einem selbst, wie intensiv die Erfahrung letztlich sein wird.

Dabei fordert uns die Karte ihrem Wesen nach auf, an andere auch Schutz und Protektion weiterzugeben und nicht alleine auf dem Gipfel der Macht zu verweilen, denn „Kreuz König" weiss, wie einsam es an der Spitze sein kann.

Beachtenswert bei der Deutung

Die Karte symbolisiert die natürlichen Kontraste von hell und dunkel, gut und böse usw.

Die Karte kann darauf hinweisen, dass man Autoritätsprobleme aufzuarbeiten hat, die einem vielleicht noch nicht einmal richtig bewusst sind.

Bei „Kreuz König" dreht sich alles um die Macht und ihre Ausübung. Deshalb ist es wichtig, eventuell mit zusätzlichen Karten Hinweise zu erlangen, ob man sich durch andere in seiner Freiheit eingeschränkt fühlt oder ob man selbst gegenüber anderen mitunter despotisch oder tyrannisch auftritt.

Kreuz As
Verbindung

Grundsätzliche Deutung der Karte

Im Allgemeinen beginnt nun eine Zeit vertrauten Beisammenseins mit anderen Menschen, die einem lieb und wichtig sind und die man sehr nah an sich heranlassen möchte.

Dies kann eine sehr enge geschäftliche Beziehung bedeuten, die eine Art von Erfüllung bringt, aber auch eine beglückende Partnerschaft ist hiermit gemeint. Dabei muss man nicht von einer konventionellen „Ehe" ausgehen, wenn einem der Begriff nicht zusagt, denn auch beispielsweise eine Lebens-, Arbeits- oder Wohngemeinschaft, eben ein in irgendeiner Weise eingespieltes Team zeigt sich hier. Auf jeden Fall handelt es sich dabei um eine sehr intime Verbindung, die Momente gemeinsamen Glücks beschert.

Partnerschaft

Hier geht es um die Legalisierung und Konkretisierung einer Beziehung. Es ist einem daran gelegen, die Partnerschaft, die man bisher erfahren hat, zu vertiefen und man ist bereit noch intensiver seine Gefühle zu erfahren und Bestrebungen voranzutreiben, als man es bis dahin bereits getan hat.

Legt man die Karte nicht nur als Tageskarte, sondern in einem Legesystem, dann ist die Position von Kreuz As recht wichtig. Beispielsweise gibt sie Auskunft darüber, ob man sich mehr gedanklich und/oder mit dem Herzen zu einer Person hingezogen fühlt. Auch weist sie auf Tendenzen hin, die einen in dieser Phase vielleicht unzufrieden werden lassen.

Selbsterkenntnis und Hintergründe

Alles Sehnen und Streben richtet sich mit „Kreuz As" auf Partnerschaften aus. Dies muss nicht nur den privaten Bereich betreffen, sondern kann sich auch in beruflicher Hinsicht oder im Gemeinschaftsleben abspielen.

Die Karte deutet an, dass man aber auch dazu neigt, die Beziehung zu einem Götzen zu machen, den man übermäßig anbetet, dem man sich selbst auf dem Altar opfert. Denn mit der Karte zeigt man auch eine Bereitschaft, das eigene Wesen unter Wert anzubieten.

Kaum jemandem würde es in den Sinn kommen, Geld dafür zu bieten, um in einer bestimmten Firma arbeiten zu dürfen – mit Kreuz As schon!

Man ordnet sich unter und bietet sich an, nur um diese heilige Kuh, die man so sehr verehrt, nicht schlachten zu müssen. Mit dieser Karte neigt man dazu, auch über die Verhältnisse hinaus, an bestehenden Verbindungen festzuhalten. Doch dabei ist es nicht unbedingt *der* Partner oder *der* Job, an dem man so sehr hängt, sondern vielfach nur *die* Beziehung an sich.

Konflikte

Gefühle sind reine Energie, die frei fließen möchte. Wenn es Personen gibt, die unsere Art zu reden oder zu fühlen nicht verstehen, dann ist der Energiefluss zwischen beiden Parteien gehemmt und es findet kein Austausch statt. Die Gefühle können so nicht heraus, einerseits, weil man sie nicht auf eine dem anderen verständliche Weise mitteilen kann und andererseits können wir die Gefühle des Partners vielleicht auch nicht immer richtig verstehen.

In solchen Situationen verspürt man die ganze Wucht der eigenen Emotionen, wie ein aufziehendes Gewitter. Zunächst scheint am Himmel noch alles wolkenlos schön, doch man merkt bereits das erste Flirren in der Luft. Eine ganze Zeit muss noch vergehen, bis sich das Gewitter in einem gewaltigen Spektakel aus Blitz und Donner entladen kann. In diesem Moment gibt es vor dem Unwetter kein Entrinnen.

Sicherlich ist ein solches sprachliches und emotionales Gewitter reinigend für die Beziehungs-Luft, doch vollzieht es sich meistens recht unsanft und in aller Regel bleibt an irgendeiner Stelle verbrannte Erde zurück. Deshalb sollte man hier nach neuen Wegen suchen, um mit anderen zu kommunizieren, ihre Gefühle zu verstehen und auch die eigenen Emotionen zu vermitteln.

Hoffnungen und Ängste

Sich in eine Partnerschaft zu begeben, in der man sich offen und ganz als man selbst verhalten kann, ist wohl der Wunsch eines jeden. So ruhen auch hier die Hoffnungen darauf, in einer erfüllenden Beziehung aufzugehen, in der man seine Energien für den anderen einsetzen kann und von dessen Energien man wiederum gestärkt wird.

Doch wer auch schon einmal beispielsweise mit den Kräften eines Kreuz Königs in der Partnerschaft konfrontiert wurde, den erfüllt diese Erwartung an eine Partnerschaft möglicherweise mit Angst. Denn um die eigenen Energien weitergeben zu können, bedarf es auch des Mutes und der Stärke, denn gerne erscheint einem dann ein kleines Teufelchen auf der Schulter, das zuzurufen scheint: „Was ist, wenn du nicht das zurückerhältst, was du gibst?" „Was ist, wenn es schiefgeht. Du weißt doch, es *kann nicht* funktionieren!"

Dann ist es auch verständlich, wenn man Angst davor hat, seine Gefühle an jemanden weiterzugeben, der sie vielleicht nicht erwidert. Doch es wäre schön, sich an dieser Stelle einmal selbst zu überwinden und zu erfahren, dass es nicht immer eine persönliche Schmach oder eine Niederlage fürs Leben bedeutet, wenn wir jemanden bedingungslos lieben, ohne dafür wiedergeliebt zu werden oder Freundlichkeiten zu erwarten. Das bedeutet nicht, sich um jeden Preis verletzbar zu machen, sondern nur ein Kanal für freie Gefühle zu werden.

Beachtenswert bei der Deutung

Nicht immer muss mit Kreuz As ein (neuer) Partner gemeint sein. Deshalb ist es immer ratsam abzuwägen, ob es sich vielleicht eher um eine sehr intensive geschäftliche Verbindung handelt oder um eine anders gestaltete private Beziehung.

Sollte man sich aber gerade auf der Suche nach einem Partner befinden, dann ist die Zeit für glückliche Gefühle im Moment sehr günstig. Letztlich ist aber nicht jeder Frosch ein Märchenprinz – manchmal bleibt ein Frosch eben ein Frosch!

Anhang – Kurzdeutungen

Die Personenkarten

	Herz As und *Pik As* neben folgender Karte bedeuten:
Karo 7	Warnung, Kummer, drohendes Unheil
Karo 8	Schicksal, Wende
Karo 9	Beendigung, Abschluss, Neubeginn, Transformation
Karo 10	Das Unbewusstsein, tiefe Hoffnungen und Ängste, Lebensträume, das wahre Selbst
Karo Bube	Zwist, Trennung, Ernte, Entscheidung
Karo Dame	Entscheidung, langwierige Entwicklung
Karo König	Produktivität, Geschäftstüchtigkeit, Lässigkeit
Karo As	Glück, Licht, Zuversicht, Fülle
Herz 7	Gesundheit – Krankheit, körperliche und seelische Beeinträchtigungen
Herz 8	Unstimmigkeiten, Unklarheiten, Ungewissheit
Herz 9	Benachrichtigung, Meldung, Mitteilung, Emotionen
Herz 10	Ordnung, Sicherheit, Disziplin, Verantwortung
Herz Bube	Freundschaft, Intimität, Liebe
Herz Dame	Wandel, Veränderung
Herz König	Heim, die Privatsphäre
Pik 7	Informationen, Schriftstücke, Verträge, Nachrichten
Pik 8	Treffen, Gesellschaft, Verabredung
Pik 9	Basis, Herkunft, Selbstvertrauen
Pik 10	Aufbruch, Fernweh, (Lebens-)Reise, eine kleine Flucht
Pik Bube	Unschuldigkeit, Neubeginn, Kind, etwas Neues, Hobby
Pik Dame	Ein Geschenk; Glück, das Gute im Leben, Materielles und Emotionales
Pik König	Naivität, Unerfahrenheit, Leichtsinn, Leichtgläubigkeit
Kreuz 7	Diebstahl, Verlust, List, (Selbst-)Betrug
Kreuz 8	Probleme und deren Bewältigung, Herausforderung, Belastung, Arbeit, Initiative
Kreuz 9	Verborgene Gedanken, Unsicherheit, Heimlichkeiten
Kreuz 10	(Weiblicher) Beistand, Mütterlichkeit, Schutz, Wärme
Kreuz Bube	Krach/Differenzen und auch (rechtlicher) Beistand
Kreuz Dame	Falschheit, Hinterhalt, Zwist, Gerede, Rat
Kreuz König	Polarität in der Gestalt von: Fürsorge und Strenge, Krise und Heilung, Stärke und Milde
Kreuz As	(Vertragliche) Partnerschaft, enge Beziehung

Karo 7

	neben folgender Karte bedeutet:
Karo 8	Man hegt zu hohe Ansprüche – das eigene Prestigedenken bereitet Kummer
Karo 9	Die Beendigung einer Situation/eines Lebensabschnittes oder ein Trauerfall bereiten großen Kummer, der nicht aufgearbeitet wird (werden kann)
Karo 10	Man fühlt sich unwohl und empfindet die Situation als verworren, kann aber gleichzeitig keinen Ratschlag von objektiven Aussenstehenden annehmen
Karo Bube	Eine Trennung (bzw. die Erwartung) bereitet große Probleme und Kummer
Karo Dame	Eine gewichtige Entscheidung ist hier fällig – es besteht jedoch die Gefahr einer „falschen" Wahl
Karo König	Man neigt dazu, Raubbau mit den eigenen Kräften und Fähigkeiten zu betreiben
Karo As	Der „Silberstreif am Horizont" – die Schwierigkeiten lösen sich auf
Herz 7	Die ersten Anzeichen einer drohenden Störung; sie sollten beachtet werden, damit keine Verschlimmerung eintritt
Herz 8	Man ist innerlich hin- und hergerissen – eine Lösung des Konfliktes ist noch nicht in Sicht
Herz 9	Warnung vor drohendem Unheil
Herz 10	Eine bisher immer hilfsbereite Person wendet sich ab, man erhält keine Unterstützung mehr
Herz Bube	Große Probleme in einer Beziehung – jemand warnt vor den Schwierigkeiten
Herz Dame	Man macht sich Sorgen wegen einer Veränderung
Herz König	Sorgen, die das Heim betreffen, kündigen sich an und verlangen eine weise Entscheidung
Pik 7	Man erhält „zwischen den Zeilen" eine Nachricht
Pik 8	Ein Treffen bringt nichts Gutes mit sich/Vorsicht bei einem Treffen
Pik 9	Das Selbstbewusstsein kommt ins Wanken
Pik 10	Man versucht vor einer unangenehmen Situation zu fliehen. Dabei besteht die Gefahr, die Sache zu verschlimmern
Pik Bube	Neue Probleme kommen auf einen zu
Pik Dame	Die Erfahrungen aus dieser Situation sind für den weiteren Lebensverlauf wichtig – hier lernt man eine Lektion fürs Leben

Pik König	Man hat sich durch das eigene naive Verhalten in Schwierigkeiten gebracht/Man versteht die gesamte Aufregung nicht
Kreuz 7	Man sollte sich hier warnenden Argumenten Dritter nicht verschließen
Kreuz 8	Die Krise ist noch nicht überwunden
Kreuz 9	Es gibt arge Probleme – man wird davor gewarnt, nicht aus einer Trotzreaktion heraus eine große Dummheit zu begehen
Kreuz 10	Eine (weibliche) vertraute Person gibt Hinweise und Ratschläge
Kreuz Bube	Ein großer Krach, vor dem gewarnt wurde, aus dem man aber etwas lernt
Kreuz Dame	Ein zweifelhafter Rat, den man noch einmal gründlich überdenken sollte
Kreuz König	Unheil kündigt sich an, ist aber noch abzuwenden
Kreuz As	In der Partnerschaft gibt es eine große Krise – professioneller Rat und Hilfe sind nötig

Karo 8

neben folgender Karte bedeutet:

Karo 9	Man schließt „ein Projekt" ab. Je nach Lage der Karte wird ein hochgestecktes Ziel erreicht oder man findet sich damit ab, dass sich die Vorstellung davon nicht erfüllt
Karo 10	Man knüpft hohe Erwartungen an sein Leben
Karo Bube	Mit dem Ausgang und der Entscheidung sind Ansehen und sozialer Status verbunden
Karo Dame	Mit der Karriere wird es noch eine ganze Zeit dauern. Die Voraussetzungen dafür bringt man aber mit
Karo König	Die Karriereleiter und der soziale Aufstieg bieten im Moment kaum Hürden
Karo As	Der (soziale) Aufstieg ergibt sich im Moment wie von selbst
Herz 7	Etwas, das fehlt, wird als notwendig erachtet, um sich gesund und wohl zu fühlen (Beförderung, Anerkennung, Zuwendung, Urlaub etc...)
Herz 8	Man grübelt darüber, ob man es schaffen kann (oder will) eine bestimmte Position zu erreichen
Herz 9	Die Nachricht birgt den Schlüssel zum Erfolg
Herz 10	Mit Disziplin und Regelmäßigkeit versucht man die Erfolgsleiter zu erklimmen

Herz Bube	Eine Beziehung, durch die man sich (sozialen) Aufstieg erhofft
Herz Dame	Die sich abzeichnende Veränderung schafft die Voraussetzungen, die gesetzten Ziele zu erreichen
Herz König	Der „Schlüssel“ zum eigenen Heim
Pik 7	Man erhält eine Nachricht, die einen ein gutes Stück weiter bringt
Pik 8	Dieses Treffen kann der Karriere/dem Weiterkommen förderlich sein
Pik 9	Man schafft es, seinen Status und sein Selbstwertgefühl zu festigen
Pik 10	Durch eine Reise ergeben sich neue Perspektiven und Chancen
Pik Bube	Es geht darum, nichts zu forcieren, sondern der Situation ihren Lauf zu lassen – dann wird sich alles, wie von selbst erledigen
Pik Dame	Mit dem Geschenk ist bezüglich des Images oder des Prestiges einiges verbunden
Pik König	Man bringt es zu etwas, ohne sich über die dazu notwendigen Schritte Gedanken zu machen
Kreuz 7	Hier versucht sich jemand mit fremden Federn zu schmücken
Kreuz 8	Man ist ehrgeizig darum bemüht, aus seinem Leben etwas zu machen
Kreuz 9	Es liegt an einem selbst, welche Wendung das weitere Geschehen nehmen wird, je nach dem, ob man stärker oder schwächer in den Ablauf eingreift. (Ggf. sollte hier eine Ergänzungskarte gezogen werden, wenn man unsicher ist, wie intensiv man selbst die Sache vorantreiben soll!)
Kreuz 10	Diese Person hat eine entscheidende Rolle in der momentanen Situation
Kreuz Bube	Man hat alle Möglichkeiten zur Konfliktlösung, der Ausgang des Geschehens hängt daher von einem selbst ab
Kreuz Dame	Jemand hindert das (berufliche) Weiterkommen
Kreuz König	Eine Beförderung oder Aufstieg im Beruf ist derzeit nicht in Sicht
Kreuz As	Eine Verbindung, die einen vom Status her, wesentlich weiter bringt

Karo 9

	neben folgender Karte bedeutet:
Karo 10	An die Beendigung einer Situation oder Sache sind große Hoffnungen geknüpft
Karo Bube	Eine Sache geht auf beinahe tragische Weise zu Ende
Karo Dame	Eine Entscheidung wird fällig, sonst führt der Weg zwangsläufig zur Beendigung einer Sache oder Situation
Karo König	Die Sache findet einen guten Ausgang, man verhält sich intuitiv richtig
Karo As	Die Beendigung einer Sache/Situation verspricht das große Glück (auch wenn man es in der derzeitigen Situation nicht erkennen kann)
Herz 7	Die Störung sollte nicht unterschätzt werden. Ein Ratschlag von jemandem, der vielleicht Ähnliches erlebt hat, wäre hilfreich
Herz 8	In Gedanken ist man sich über die Beendigung schon im Klaren, teilt dies aber noch nicht mit
Herz 9	Eine Nachricht bringt starke Veränderungen; diese Information erfordert auf jeden Fall Beachtung und Bewusstmachung
Herz 10	Die Beendigung wird durch große Selbstdisziplin, „Zucht und Ordnung“ überwunden
Herz Bube	Eine Partnerschaft wird beendet – in umgekehrter Legeweise: Die Beendigung einer Partnerschaft birgt den Neubeginn für die „große Liebe“ (jedoch nicht so stark wie bei Kreuz As!)
Herz Dame	Die Beendigung einer Sache oder Situation bringt nachfolgend weitere Veränderungen mit sich – bspw. Umzug oder ähnliches
Herz König	Eine starke Krise, die das Heim betrifft – etwas wird zerstört, geht kaputt. Evtl. Kündigung des Mietvertrages oder Verlust des Hauses
Pik 7	Man erhält Nachricht über den (freudigen) Abschluss einer Sache/Situation
Pik 8	Ein Treffen erscheint sinnlos, die Situation ist bereits verfahren
Pik 9	Es gibt Probleme mit dem Haus/der Wohnung
Pik 10	Eine Reise sollte noch einmal überdacht werden
Pik Bube	Die Beendigung einer Sache oder Situation führt zu einem Neubeginn
Pik Dame	Die Beendigung bringt die „Erlösung“ aus einer belastenden Situation

Pik König	Unschuld und Naivität bringen große Probleme mit sich
Kreuz 7	Etwas geht unwiederbringlich verloren
Kreuz 8	Mit dem Abschluss einer Sache ist viel Arbeit und Mühe verbunden – in umgekehrter Legeweise auch: Vergebliche Mühen („Innere Kündigung“)
Kreuz 9	Man weiss nicht genau, wie man eine Sache zu einem vernünftigen Abschluss bringen kann
Kreuz 10	(Weiblicher) Beistand bei der Beendigung einer Sache – jemand fühlt mit und steht mit Rat und Tat zur Seite
Kreuz Bube	Beistand wird notwendig
Kreuz Dame	Jemand versucht durch falsche Erzählungen die eigene Integrität zu zerstören (liegt die Personenkarte Herz As oder Pik As dabei, handelt man evtl. selbst in dieser Art und Weise)
Kreuz König	Von einer Person geht Gefahr/Schrecken aus
Kreuz As	Eine Beziehung wird beendet – in umgekehrter Legeweise: die Beendigung einer Sache oder Situation führt zu einer Beziehung oder einer neuen Lebensgemeinschaft

Karo 10

neben folgender Karte bedeutet:

Karo Bube	Mit der Entscheidung sind große Hoffnungen verbunden
Karo Dame	Man ist noch weit davon entfernt, seine Lebensziele und -wünsche zu erfüllen
Karo König	Man erreicht mit Lässigkeit viele der gesteckten Ziele, doch besteht die Gefahr, dass man unachtsam wird
Karo As	Man hat bei der Verwirklichung der eigenen Wünsche und Ziele stets eine glückliche Hand
Herz 7	Es hilft weiter, wenn man seine Träume aufschreibt
Herz 8	Man hinterfragt seine Wünsche – ist sich nicht ganz sicher, ob hier die Verwirklichung tatsächlich erwünscht ist
Herz 9	Der Hinweis auf die Zusammenhänge hinter dem, was man sehen oder erahnen kann. Das Schicksal gibt Hinweise, aber keine vollständigen Einblicke
Herz 10	Man hütet die eigenen Wünsche und Träume mit Wohlwollen und Bedacht
Herz Bube	Man erhofft sich durch die Liebe die Verwirklichung der eigenen Hoffnungen und Wünsche

Herz Dame	Mit dieser Veränderung sind Hoffnungen und Ängste verbunden, der weitere Verlauf liegt aber noch im Dunkeln
Herz König	Das Hoffen und Sehnen nach dem eigenen Heim
Pik 7	Eine (schriftliche) Nachricht bringt einen den Lebenszielen und –wünschen näher
Pik 8	Dieses Treffen soll dazu dienen, die innersten Wünsche zu erfüllen
Pik 9	Die geheimsten Wünsche und Ziele hängen mit Stabilität und Geborgenheit zusammen
Pik 10	Man verbindet mit der Reise eine Hoffnung
Pik Bube	Man macht sich nicht allzuviel Gedanken über das Leben und das Schicksal
Pik Dame	Mit dem Geschenk sind die innersten Hoffnungen und Sehnsüchte verbunden. Man erwartet sich viel (betrifft nicht unbedingt die „Menge")
Pik König	Man hält in naiver Weise an den Zielen und Hoffnungen fest, ohne sich dafür zu engagieren
Kreuz 7	Man verliert seine Idole und Ziele
Kreuz 8	Man arbeitet hart an der Verwirklichung der eigenen Wünsche und Ziele
Kreuz 9	Die Motivation, der Hintergrund des Geschehens bleibt im Unklaren
Kreuz 10	Jemand scheint über die Hintergründe besser informiert zu sein und kann so entscheidende Hinweise oder Warnungen geben
Kreuz Bube	Der Hintergrund und die Problemlösung bleiben noch im Verborgenen/ Die Zeit ist noch nicht reif
Kreuz Dame	Eine Hinterlist, die sich im Verborgenen abspielt
Kreuz König	Eine Beziehung ist bedroht (in umgekehrter Reihenfolge: eine Beziehungskrise wird überwunden)
Kreuz As	Man hegt die Hoffnung auf eine „immerwährende" Liebe/Partnerschaft

Karo Bube

neben folgender Karte bedeutet:

Karo Dame	Hier ist in zweifacher Hinsicht eine Entscheidung fällig – man muss aber selbst aktiv werden
Karo König	Man geht gelassen an diese Entscheidung heran
Karo As	Es wendet sich alles zum Guten – oder eine Glückssträhne endet hierdurch (Lage der Karte!)
Herz 7	Etwas zehrt an den Kräften; hier muss eine Entscheidung getroffen werden

Herz 8	Man grübelt über den Sinn und den Ausgang dieser Sache nach
Herz 9	Belastende Dokumente oder Bescheide; Ladung vor Gericht; ein Urteil; auf jeden Fall eine Nachricht von einer Behörde oder Institution
Herz 10	Es ist derzeit alles in Ordnung und in guten Händen. Man hat Unterstützung
Herz Bube	Eine Trennung von jemandem oder etwas wird notwendig, um einen positiven Verlauf zu bewirken
Herz Dame	Diese Entscheidung/Trennung bringt eine große Veränderung (einen Umzug o.ä.) mit sich
Herz König	Das Heim betreffend wird eine Entscheidung getroffen – ggf. muss man sich von etwas trennen
Pik 7	Es zeichnet sich ein (gutes) Ende ab
Pik 8	Eine Zusammenkunft vor oder nach einer Entscheidung (Lage der Karte!). Ein Treffen bezüglich dieser Entscheidung wird notwendig
Pik 9	Es geht um eine Entscheidung/Trennung, welche die eigene Basis betrifft
Pik 10	Eine Entscheidung ist fällig, man neigt jedoch dazu, vor ihr fortzulaufen
Pik Bube	Es geht bei dieser Sache um ein Kind oder etwas Neues, das einem sehr am Herzen liegt
Pik Dame	Eine Schenkung muss noch rechtlich bestätigt werden/ Ärger wegen eines Geschenkes
Pik König	Man geht zu unbedarft an die Sache heran
Kreuz 7	Etwas wurde gestohlen/weggenommen. Dies versucht man wiederzubekommen
Kreuz 8	Es bedarf viel Kraft und Anstrengung,, diese Sache zu überwinden
Kreuz 9	Man grübelt in der Erwartung an die bevorstehende Entscheidung
Kreuz 10	Man hat freundschaftlichen Beistand in dieser Sache
Kreuz Bube	Hier wird auf jeden Fall Beistand notwendig
Kreuz Dame	Jemand versucht sich von etwas/jemandem (der Wahrheit) zu trennen
Kreuz König	Man muss sich von etwas trennen, um Unheil abzuwenden
Kreuz As	Eine Ehe/Partnerschaft wird getrennt – oder hier wird eine wichtige Entscheidung fällig (aktuelle und aktive Problembewältigung)

Karo Dame

	neben folgender Karte bedeutet:
Karo König	Produktivität, Geschäftstüchtigkeit, Lässigkeit
Karo As	Glück, Licht, Zuversicht, Fülle
Herz 7	Gesundheit, Krankheit, körperliche und seelische Beeinträchtigungen
Herz 8	Unstimmigkeiten, Unklarheiten, Ungewissheit
Herz 9	Benachrichtigung, Meldung, Mitteilung, Emotionen
Herz 10	Ordnung, Sicherheit, Disziplin, Verantwortung
Herz Bube	Freundschaft, Intimität, Liebe
Herz Dame	Wandel, Veränderung
Herz König	Heim, die Privatsphäre
Pik 7	Informationen, Schriftstücke, Verträge, Nachrichten
Pik 8	Treffen, Gesellschaft, Verabredung
Pik 9	Basis, Herkunft, Selbstvertrauen
Pik 10	Aufbruch, Fernweh, (Lebens-)Reise
Pik Bube	Unschuldigkeit, Neubeginn, Kind, etwas Neues
Pik Dame	Ein Geschenk, materiell oder emotional; Glück, das Gute im Leben
Pik König	Naivität, Unerfahrenheit, Leichtsinn
Kreuz 7	Diebstahl, Verlust, List, (Selbst-)Betrug
Kreuz 8	Problem(-bewältigung), Herausforderung, Belastung, Arbeit
Kreuz 9	Verborgene Gedanken, Unsicherheit, Heimlichkeiten
Kreuz 10	(Weiblicher) Beistand, Mütterlichkeit, Schutz, Wärme
Kreuz Bube	Krach/Differenzen und auch (rechtlicher) Beistand
Kreuz Dame	Falschheit, Hinterhalt, Zwist, Gerede, Rat
Kreuz König	Polarität: Fürsorge und Strenge, Krise und Heilung, Stärke und Milde
Kreuz As	(Vertragliche) Partnerschaft, enge Beziehung

Karo König

	neben folgender Karte bedeutet:
Karo As	Im Augenblick kann man ohne große Anstrengungen Gewinne erzielen
Herz 7	Die Gedanken sind blockiert
Herz 8	Man misst die eigenen Erfolge zu gering
Herz 9	Eine Verbesserung zeichnet sich ab
Herz 10	Man erreicht sein Ziel wahrscheinlich etwas eher, wenn man lockerer an die Sache herangeht

Herz Bube	Eine musische/inspirative Beziehung – oder eine rein geschäftliche Verbindung
Herz Dame	Man geht sehr lässig, aber trotzdem erfolgreich, an diese Sache heran
Herz König	Sich im Heim (zu Hause) wohl fühlen
Pik 7	Man erhält eine Nachricht, welche die eigene Situation verbessert, ohne dass man sich selbst darum bemüht hat
Pik 8	Von diesem Treffen wird man profitieren
Pik 9	Durch leicht gemachte Erfolge kann man das Selbstwertgefühl verbessern – oder: Durch geringen Mitteleinsatz kann man ein Haus (Stabilität) erhalten
Pik 10	Sich mehr von den Träumen und der Intuition leiten lassen
Pik Bube	Ein fruchtbares Unternehmen – ein lässig erreichtes Ziel
Pik Dame	Ein gutgemeintes Geschenk, das jedoch nicht mit Bedacht ausgewählt wurde
Pik König	Erfolge stellen sich ein, ohne dass man dies bezwekken wollte
Kreuz 7	Es handelt sich um kleine, kräftezehrende Aktionen, welche die Produktivität lähmen
Kreuz 8	Es ist noch einiges an Arbeit zu erledigen, bevor sich die ersten größeren Gewinne zeigen
Kreuz 9	Mit dieser Situation sind unbewusste Ängste verbunden
Kreuz 10	Das Unterbewusstsein wehrt sich gegen etwas – hier gilt es, die eigenen Bedürfnisse genau zu erkennen
Kreuz Bube	Man reagiert verhalten auf die Situation/man wartet ab (eventuell zu lange!)
Kreuz Dame	Jemand stürzt sich in Selbstzweifel
Kreuz König	Man ist mit sich selbst nicht im Reinen
Kreuz As	Eine fruchtbare Beziehung – man erreicht zusammen sehr viel

Karo As

neben folgender Karte bedeutet:

Herz 7	Ein gesunder Geist in einem gesunden Körper
Herz 8	Man misstraut dem momentanen Glück
Herz 9	Gute, glückbringende Nachrichten
Herz 10	Man hütet das eigene persönliche Glück
Herz Bube	Die Beziehung ist der große Segen

Herz Dame	Die Situation wendet sich zum Besten
Herz König	Großes Glück und idyllisches (Familien-)Leben im eigenen Heim
Pik 7	Ein Brief/Dokument verheisst glückliche und sorgenfreie Zeiten
Pik 8	Die Verabredung führt zu einer guten/erfolgreichen Lösung
Pik 9	Die aktuelle Situation verleiht Stabilität und Selbstsicherheit
Pik 10	Aus einer Reise neue Kräfte schöpfen
Pik Bube	Ein neues Projekt (Beziehung, Arbeitsstelle, Hobby etc.) läßt sich gut an
Pik Dame	Hier schüttet Fortuna mit beiden Händen ihre Gaben aus
Pik König	Man hat trotz aller Naivität zumeist Glück
Kreuz 7	Der Verlust bringt einem nachfolgend sogar noch Glück/Gewinn
Kreuz 8	Die Mühen werden sich lohnen
Kreuz 9	Die Situation verbessert sich erheblich, aber man sollte nicht unvorsichtig sein
Kreuz 10	Eine schöne Zeit in partnerschaftlichen Verhältnissen
Kreuz Bube	Die Sache geht gut aus, man hat guten Beistand
Kreuz Dame	Diese Person kann nicht schaden
Kreuz König	Eine veränderliche Situation, die man nicht leicht einschätzen kann
Kreuz As	Diese Verbindung wird als das große Glück angesehen

Herz 7

neben folgender Karte bedeutet:

Herz 8	Schwankungen im Befinden; sich Sorgen über die Gesundheit machen
Herz 9	Man selbst erhält eine Nachricht über eine Krankheit (oder über die Erkrankung einer bekannten Person)
Herz 10	Mehr auf die „innere Stimme“ hören, sonst stellen sich gesundheitliche Probleme ein
Herz Bube	Die Liebe zu (oder von) einer Person verhilft zu schneller Heilung
Herz Dame	Alle Regenerationskräfte werden mobilisiert
Herz König	Der Wunsch nach dem eigenen Heim kann sich erfüllen – aber auch: das eigene Heim führt zu (gesundheitlichen) Belastungen

Pik 7	Jemand versucht zu vermitteln
Pik 8	Ein Krankenbesuch
Pik 9	Man ist in seelischer oder gesundheitlicher Hinsicht aus dem Gleichgewicht geraten
Pik 10	Eine Luftveränderung kann Heilung bringen
Pik Bube	Sich frisch und munter fühlen
Pik Dame	Die Gesundheit als Freude/Geschenk empfinden. (Sich des öfteren einmal Gedanken machen, wie gut es einem geht!)
Pik König	Probleme im Unterleib/im sexuellen Bereich
Kreuz 7	Etwas raubt die Kräfte
Kreuz 8	Die Gesundheit (Krankheit) macht große Probleme
Kreuz 9	Vorsicht vor „Wunderheilern"!
Kreuz 10	Man strotzt vor Energie, Kraft und Gesundheit
Kreuz Bube	Außenstehende halten einen für einen Hypochonder oder Simulanten
Kreuz Dame	Das Verhältnis zu einer anderen Person macht krank (Intrigen, Mobbing o. ä.)
Kreuz König	Eine akute Veränderung des Zustandes
Kreuz As	Eine „gesunde Beziehung"

Herz 8

neben folgender Karte bedeutet:

Herz 9	Rückbesinnung und Meditation helfen, der Sache auf die Spur zu kommen
Herz 10	Man hat das Gefühl, dass etwas in Unordnung ist, kann aber nicht genau bestimmen, um was es sich handelt
Herz Bube	Man ist sich dieser Beziehung (noch) nicht ganz sicher
Herz Dame	Man weiss noch nicht, was diese Veränderung bringt, denn in einem herrschen gemischte Gefühle und Gedanken vor
Herz König	Stimmungsschwankungen, die aus dem eigenen Heim resultieren
Pik 7	Man grübelt über den Inhalt einer Nachricht
Pik 8	Man ist nicht sicher, ob man die Verabredung wahrnehmen soll oder nicht
Pik 9	Man zweifelt an der eigenen Selbstsicherheit
Pik 10	Eine Phase der Gemütsschwankungen und Unruhe; Unentschlossenheit und Wankelmütigkeit – hier gilt es, auf die Hinweise zu achten, in welchen Bereichen sich dies abspielt

Pik Bube	Momentan ist alles mitunter recht wechselhaft; man ist etwas launisch
Pik Dame	Man macht sich Gedanken über ein Geschenk
Pik König	Grübeleien über die eigene Situation, doch weiss man nicht, wie man sich richtig verhalten soll
Kreuz 7	Man macht sich Gedanken, dass etwas gestohlen werden könnte
Kreuz 8	Unsicherheit, ob man diese schwere Aufgabe annehmen soll
Kreuz 9	Ein unbestimmter Verdacht, aber keine greifbaren Beweise – man ist unentschlossen und weiss nicht genau, woran man ist
Kreuz 10	Im Moment läuft in dieser privaten Beziehung nicht alles glatt
Kreuz Bube	Es ist noch alles offen – die Entscheidung wird abgewogen, ist aber noch nicht gefällt
Kreuz Dame	Alle Hintergründe und Unwägbarkeiten überdenken! Man neigt dazu, etwas zu übersehen.
Kreuz König	Ein nicht klar definierbarer und unausgesprochener Groll
Kreuz As	Man ist sich hinsichtlich einer Beziehung (geschäftlich oder privat) nicht ganz schlüssig

Herz 9

neben folgender Karte bedeutet:

Herz 10	Jemand steht helfend und schützend zur Seite
Herz Bube	Jemand, der einem am Herzen liegt, meldet sich; die Zeit der Unsicherheit wird beendet; ein Liebesbrief
Herz Dame	Mit der Nachricht wird das Ende eines laufenden Prozesses und der Anfang einer neuen Entwicklung angezeigt
Herz König	Man fühlt sich nicht wohl in der Wohnung/eine Nachricht, welche die Wohnung betrifft
Pik 7	Eine scheinbar unadressierte Nachricht enthält „zwischen den Zeilen“ wichtige Informationen
Pik 8	Eine Verabredung bzw. eine versprochene Nachricht oder Einladung verzögert sich wahrscheinlich noch
Pik 9	Es geht um Haus und Heim
Pik 10	Gute Nachrichten aus dem Ausland/Jemand zieht fort – ein Abschiedsbrief
Pik Bube	Gute Chancen und gute Neuigkeiten, eine neue Chance

Pik Dame	Einladungen und gute Neuigkeiten, freudige Überraschung
Pik König	Die eigene Naivität und Vertrauensseligkeit in eine Person oder Sache verursacht Probleme
Kreuz 7	Die Nachricht bedeutet Verluste oder Schädigungen
Kreuz 8	Es kommt einiges an Arbeit auf einen zu, was die volle Konzentration der Kräfte und Organisationsgeschick erfordert
Kreuz 9	Man muss sich betreffend einer Nachricht/Sache ernsthaft Gedanken machen
Kreuz 10	Jemand fühlt mit und versucht zu helfen; dies mildert zwar die Situation, verändert sie aber nicht
Kreuz Bube	Rechtlicher Beistand kann erforderlich werden; Prozess geht verloren, evtl. ein gerichtlicher Vergleich
Kreuz Dame	Man sollte sich vor falschen Freund(inn)en hüten
Kreuz König	Jemand, von dem man es nicht erwartet, greift mit Worten an
Kreuz As	Eine freudige Nachricht von einer nahestehenden Person, evtl. eine Heirat oder eine ähnliche Verbindung

Herz 10

neben folgender Karte bedeutet:

Herz Bube	Selbst in Liebesdingen kann man nicht locker und entspannt sein
Herz Dame	Man führt eine Veränderung durch, um alles wieder in Ordnung zu bringen
Herz König	Das Heim (hier auch man selbst) ist gut bewacht
Pik 7	Eine Nachricht, bei der man etwas auf der Hut sein sollte
Pik 8	Ein Treffen verläuft ohne weitere (negative) Vorkommnisse
Pik 9	Man befindet sich in einer stabilen, gesicherten Situation
Pik 10	Ein Bußgeld im Straßenverkehr/Ärger mit Offiziellen im Urlaub/der Hinweis auf einen streng durchorganisierten Urlaub, der kaum Freiraum lässt
Pik Bube	Man fühlt sich gut beschützt und behütet
Pik Dame	Das Geschenk geht in Ordnung – es ist angebracht und angemessen
Pik König	Man neigt dazu, die Dinge laufen zu lassen
Kreuz 7	Trotz aller Vorsichtsmaßnahmen kommt etwas weg

Kreuz 8	Man muss noch einiges tun, um die Ordnung (wieder) herzustellen
Kreuz 9	Man kann sich in einer Notsituation auf seine Freunde verlassen
Kreuz 10	Jemand, auf den man bedingungslos zählen kann
Kreuz Bube	Sich einem guten Freund anzuvertrauen ist sinnvoll
Kreuz Dame	Ein treuer Freund ist „in Gefahr"/steht unter schlechtem Einfluss
Kreuz König	Es gibt Krach (der wahrscheinlich nicht sein müsste) mit einem guten Freund
Kreuz As	Eine Vernunftehe

Herz Bube

neben folgender Karte bedeutet:

Herz Dame	Eine Veränderung in Liebesdingen
Herz König	Man liebt das Heim/Rückzug der Zweisamkeit wegen
Pik 7	Eine Nachricht, die Positives für unser Leben bewirkt
Pik 8	Das Treffen führt zu einer innigen Beziehung
Pik 9	Diese Partnerschaft gibt einem Halt und Sicherheit
Pik 10	Man findet zueinander
Pik Bube	Eine Beziehung unbeschwert genießen
Pik Dame	Eine neue Beziehung steht ins Haus/Man betrachtet die Beziehung als Geschenk
Pik König	Man neigt dazu, den Partner durch eine „rosarote Brille" zu betrachten
Kreuz 7	Die Beziehung wird noch etwas auf sich warten lassen
Kreuz 8	Die positiven Gefühle werden gemindert
Kreuz 9	Jemand meint es in emotionaler Hinsicht nicht ganz ehrlich (verfolgt nur seine eigenen Ziele)
Kreuz 10	In allen Herzensangelegenheiten ist diese Person ein guter Zuhörer und Ratgeber
Kreuz Bube	Ein Streit mit einer Person, die einem sehr nahe steht (evtl. wegen Eifersucht)
Kreuz Dame	Man versucht eine Beziehung zu hintertreiben – oder es wird einem ein Verhältnis nachgesagt
Kreuz König	Es ziehen Wolken auf vor dem Liebesglück
Kreuz As	Die Beziehung ist stabil

Herz Dame

	neben folgender Karte bedeutet:
Herz König	Es gibt Veränderungen an der Basis
Pik 7	Eine angenehme Nachricht bestärkt in der Absicht, eine Veränderung herbeizuführen
Pik 8	Man führt eine Veränderung durch, um dann ein Treffen arrangieren zu können/ Ein Treffen führt zu einer grundlegenden Veränderung
Pik 9	Man schafft für sich selbst eine positive Erfahrung durch diese Veränderung
Pik 10	Fernweh, der Drang zu Reisen
Pik Bube	Ein neuer Lebensabschnitt – eine große Veränderung – ein (positiver) Umbruch
Pik Dame	Die Veränderung wird als „Geschenk" betrachtet
Pik König	Man geht unter naiven (falschen) Vorstellungen an diese enorme Veränderung heran
Kreuz 7	Jemand versucht die Zeiten des Umbruchs auszunutzen und sich zu Lasten anderer zu bereichern
Kreuz 8	Mit dieser Veränderung ist viel Arbeit und Mühe verbunden/ Eine Veränderung wegen der Arbeit
Kreuz 9	Die Situation verändert sich. Wachsamkeit ist angesagt
Kreuz 10	Trotz aller Warnungen beginnt man etwas Neues
Kreuz Bube	Dieser Streit bringt eine große Veränderung mit sich
Kreuz Dame	Jemand will eine neue Errungenschaft schlecht machen
Kreuz König	Die Auseinandersetzung mit einem Problem birgt den Neuanfang
Kreuz As	In der Partnerschaft (geschäftlich oder privat) verändert sich etwas

Herz König

	neben folgender Karte bedeutet:
Pik 7	Es geht um eine Nachricht, die das eigene Heim betrifft
Pik 8	Nette Freunde kommen zu Besuch
Pik 9	Das eigene Heim gibt Halt und Beständigkeit
Pik 10	Man möchte nicht gerne verreisen oder man möchte zwar gerne verreisen, hängt aber (aus einem bestimmten Grund) an der Wohnung
Pik Bube	Sich wohl fühlen
Pik Dame	Renovierung des Hauses oder etwas für das Haus geschenkt bekommen

Pik König	Harmonie (und auch erfüllende Sexualität)
Kreuz 7	Etwas im/am Heim geht verloren/wird gestohlen
Kreuz 8	Im Heim gibt es Probleme, deren Bewältigung viel Kraft kostet
Kreuz 9	Eine Hinterlist, die mit dem Heim zusammenhängt – dies kann mit dem Objekt zu tun haben oder einer Person
Kreuz 10	Jemand stellt sich schützend vor sein Heim
Kreuz Bube	Ärger mit dem Mietverhältnis evtl. aber auch der Hypothekenbank/Ärger zu Hause
Kreuz Dame	Jemand versucht einen in seinen eigenen vier Wänden auszuhorchen
Kreuz König	(Ärger mit der) Autorität im eigenen Haus
Kreuz As	Nach der Eheschließung bleibt man zu Hause (Hausmann/-frau); traute Zweisamkeit

Pik 7

	neben folgender Karte bedeutet:
Pik 8	Diesem Treffen geht eine (schriftliche) Nachricht voraus
Pik 9	Ein Dokument, das mit dem Haus zusammenhängt (Grundbuch, Hypothek, Miete, Kündigung, o.ä.)
Pik 10	Dokumente und Verträge, die mit einer Reise zusammenhängen oder durch eine Reise entstehen
Pik Bube	Es gibt Neuigkeiten
Pik Dame	Eine nette Nachricht verheisst Gutes
Pik König	Nachricht, deren Botschaft man nicht genau versteht
Kreuz 7	Eine wichtige Nachricht geht verloren
Kreuz 8	Eine Nachricht, die mit der Arbeit zu tun hat (Vertrag, Abmahnung, Kündigung o. ä.)
Kreuz 9	Es handelt sich um ein „abgekartetes" Spiel
Kreuz 10	Man erhält „zwischen den Zeilen" einen Hinweis. Diesen gilt es zu beachten
Kreuz Bube	Jemand versucht zu vermitteln/Nachrichten von einem (rechtlichen) Beistand
Kreuz Dame	Es geht um spitzfindige Bemerkungen, die fallengelassen werden
Kreuz König	Eine beunruhigende Nachricht
Kreuz As	Eine Einladung zu einer Hochzeit/Verlobung/einem gesellschaftlichen Anlass (oder aufgrund Vertrag)

Pik 8

	neben folgender Karte bedeutet:
Pik 9	Bei dieser Verabredung geht es um das Haus, die Basis
Pik 10	Ein Cluburlaub/Ein geselliger Urlaub
Pik Bube	Eine neues/weiteres Treffen
Pik Dame	Ein Geschenk zu einem Rendezvous mitbringen/Die Freundschaft wird als Geschenk betrachtet
Pik König	Man geht schlecht vorbereitet zu diesem Treffen
Kreuz 7	Diese Verabredung bedeutet Verluste
Kreuz 8	Mit einem Treffen ist viel Arbeit verbunden (entweder in der Vorbereitungszeit oder im Anschluss daran – Kartenlage!)
Kreuz 9	Ein Treffen läuft anders ab als erwartet
Kreuz 10	Die Warnung vor einem Treffen – oder einer Situation während eines Treffens
Kreuz Bube	Differenzen unter Freunden/bei einem Treffen
Kreuz Dame	Man wird ausgehorcht
Kreuz König	Ein Treffen führt zu Konflikten – Aber auch: Ein Treffen löst Konflikte. Kartenlage beachten
Kreuz As	Man erhofft sich von dem Treffen eine Verbesserung und Vertiefung der Beziehung (geschäftlich und/oder privat)

Pik 9

	neben folgender Karte bedeutet:
Pik 10	Unbeweglichkeit und Starre lassen an Haus und Heim festhalten/oder die Sehnsucht nach einem „Ankerplatz"
Pik Bube	Man fühlt sich geborgen
Pik Dame	Ein Geschenk für das Haus (für einen selbst)
Pik König	Man verhält sich, aus einer besonders stabilen Position heraus, unnötigerweise unüberlegt
Kreuz 7	Jemand raubt Energie
Kreuz 8	Die Probleme liegen tiefer als man denkt. Eine oberflächliche Betrachtung reicht nicht aus. Das Problem berührt die Basis des Wesens
Kreuz 9	Man macht sich erhebliche Gedanken über seine Existenz
Kreuz 10	Vertrauen auf die innere Führung
Kreuz Bube	Man hat Differenzen im Haus oder wegen des Hauses
Kreuz Dame	Die Machenschaften kommen aus dem näheren Umfeld

Kreuz König	Man trägt Konflikte in sich aus, die bereits vor Jahren entstanden, aber noch nicht aufgearbeitet sind
Kreuz As	Eine Verbindung, die Stabilität verleiht

Pik 10

neben folgender Karte bedeutet:

Pik Bube	Die Vorfreude auf eine Reise/oder die Reise zu einem lange erträumten Urlaubsort
Pik Dame	Eine kleine Reise (oder etwas, was mit einer Reise zu tun hat) geschenkt bekommen – ggf. auch ein Theaterticket etc.
Pik König	Auf einer Reise findet man Harmonie und Erfüllung
Kreuz 7	Auf einer Reise geht etwas verloren
Kreuz 8	Ein Aktivurlaub/Der Urlaub dient dazu, ein Problem zu lösen/Eine Dienstreise/Die „innere Kündigung"
Kreuz 9	Bei einer Reise (oder der Buchung) besteht die Gefahr, hereingelegt zu werden
Kreuz 10	Man befindet sich auf einer Reise in guter Obhut, sollte jedoch nicht unvorsichtig werden
Kreuz Bube	Krach und Schwierigkeiten im Zusammenhang mit einer Reise
Kreuz Dame	Jemand missgönnt die Reise
Kreuz König	Eine Reise verläuft harmonisch
Kreuz As	Eine Hochzeitsreise/Eine Reise, die zu einer geschäftlichen Verbindung führt/Einen Job in der Reisebranche

Pik Bube

neben folgender Karte bedeutet:

Pik Dame	Man bekommt etwas geschenkt, mit dem man sich in der nächsten Zeit sehr intensiv beschäftigt. / Ein Kind steht ins Haus und erfordert in nächster Zeit die vollkommene Aufmerksamkeit
Pik König	Man reagiert zu vorschnell und unüberlegt
Kreuz 7	Sei vorsichtig – jemand versucht hier die Unbedarftheit auszunutzen
Kreuz 8	Eine neue Sache bringt eine große Herausforderung und viel Arbeit mit sich
Kreuz 9	Die Gefahr, hereingelegt zu werden
Kreuz 10	Es steht einem jemand hilfreich zur Seite
Kreuz Bube	Es gibt neue Auseinandersetzungen

Kreuz Dame	Man ist zu vertrauensselig
Kreuz König	Naivität bringt Probleme mit sich, diese werden aber auf die gleiche (naive) Weise gelöst
Kreuz As	Eine neue Partnerschaft – oder eine neue (positive) Veränderung (= Festigung) der Partnerschaft

Pik Dame

neben folgender Karte bedeutet:

Pik König	Ein naives, unschuldiges Geschenk = man macht sich keine Gedanken darüber
Kreuz 7	Ein Geschenk kommt weg
Kreuz 8	Das Geschenk macht große Mühe
Kreuz 9	Man zerbricht sich den Kopf wegen eines Geschenkes
Kreuz 10	Ein Geschenk wird skeptisch beäugt
Kreuz Bube	Es wird wegen einer Schenkung Beistand notwendig
Kreuz Dame	Ein Geschenk mit Hintergedanken
Kreuz König	Ein Geschenk bringt Unheil mit sich
Kreuz As	Ein Geschenk zu einer Feierlichkeit

Pik König

neben folgender Karte bedeutet:

Kreuz 7	Man wird in einer Sache unsanft auf den Boden der Tatsachen zurückgeholt
Kreuz 8	Man geht mit zu naiven Vorstellungen an diese schwere Arbeit (Problemlösung) heran
Kreuz 9	Man zweifelt an sich selbst
Kreuz 10	Man wird vor der eigenen Naivität gewarnt
Kreuz Bube	Man überblickt noch nicht das gesamte Ausmaß
Kreuz Dame	Durch Naivität Vorschub zu Hinterhältigkeiten geben
Kreuz König	Eine gesicherte Position ist gefährdet
Kreuz As	Eine übereilte, unüberlegte Partnerschaft

Kreuz 7

neben folgender Karte bedeutet:

Kreuz 8	Bei der Arbeit gibt es Verluste
Kreuz 9	Es handelt sich um eine „kleine Gaunerei", die erst später bewusst wird
Kreuz 10	Jemand warnt vor einem Verlust (materieller oder emotionaler Art)

Kreuz Bube	Der Streit geht vorüber, aber der Krach raubt einem die Kraft
Kreuz Dame	Man versucht mit Hinterlist etwas wegzunehmen
Kreuz König	Etwas Bedeutendes geht verloren (wird gestohlen)
Kreuz As	Jemand dringt in eine feste Beziehung ein

Kreuz 8

neben folgender Karte bedeutet:

Kreuz 9	Die Bewältigung des Problems ist noch nicht ausgestanden – man neigt dazu, immer wieder auf die selbe „Masche" hereinzufallen
Kreuz 10	Ein objektiver Beobachter warnt vor großen Problemen (deren Bewältigung viel Aufwand erfordert)
Kreuz Bube	Die Bewältigung des Streites ist sehr aufwendig/ Krach in der Arbeit
Kreuz Dame	Gerede wird zu einem großen Problem
Kreuz König	Die Probleme drohen sich zu verstärken. Hier ist Handlungsbedarf
Kreuz As	In der Ehe/Partnerschaft zeichnen sich Probleme ab, die sich nicht ohne größeren Aufwand lösen lassen

Kreuz 9

neben folgender Karte bedeutet:

Kreuz 10	In einem hinterhältigen Intrigenspiel steht jemand schützend zur Seite
Kreuz Bube	Man macht sich viele Gedanken wegen eines Streitfalles
Kreuz Dame	Hier meint es jemand nicht ehrlich
Kreuz König	Jemand versucht zu betrügen
Kreuz As	Es droht Gefahr, dass sich jemand in eine Beziehung einschleicht

Kreuz 10

neben folgender Karte bedeutet:

Kreuz Bube	Jemand steht mit mütterlichem Rat zur Seite
Kreuz Dame	Jemand spielt ein falsches Spiel
Kreuz König	Bei Schwierigkeiten gibt es jemanden, auf den man sich immer verlassen kann
Kreuz As	Eine kleine Warnung vor einer festen Beziehung – sie sollte nicht bedenkenlos in den Wind geschlagen werden, aber man sollte diesen Hinweis auch nicht überbewerten

Kreuz Bube

	neben folgender Karte bedeutet:
Kreuz Dame	Man wird zum Gespött der Leute (gemacht)
Kreuz König	Man macht sich selbst zur Zielscheibe von Spott und Häme
Kreuz As	Differenzen mit dem Partner/Man scheidet sich (im Geiste)

Kreuz Dame

	neben folgender Karte bedeutet:
Kreuz König	Jemand redet hinterrücks über einen
Kreuz As	Man redet schlecht über eine Beziehung (zu Partner, Verwandten o. ä.). Jemand versucht in eine Beziehung einzudringen, zu intrigieren

Kreuz König

	neben folgender Karte bedeutet:
Kreuz As	Gute Zeiten für die Liebe

Wahrsagen mit Skatkarten

Die Wahrsage-Lern-Karten mit den aufgedruckten Bedeutungen, 32 Karten

ISBN 3-89385-333-2 (erhältlich im Buchhandel)

Weitere Informationen zu Publikationen der Autorin finden Sie im Internet unter www.windpferd.de

Über die Autorin

Marion Röbkes lebt und arbeitet in Bonn. Sie ist eine Expertin in der Kunst des Wahrsagens und ist erfahren in verschiedenen Deutungssystemen sowie der Astrologie. Die Autorin führt auf Anfrage Einzelunterricht und Beratungen im Kartenlegen sowie Kurse und Seminare durch.

Wenn Sie mehr darüber wissen möchten, schauen Sie unter dieser Internet-Adresse nach: **www.windpferd.de**

Hier finden Sie alle lieferbaren Bücher. Über das Suchmenü gelangen Sie schnell zum Titel dieses Buches und finden dort unter dem Link „Serviceliste“ – sofern vorhanden – weitere Hinweise wie Kontakt- und Bezugsadressen oder weiterführende Links.

„Die Kipper-Wahrsagekarten“,
das mit den original seitenrichtigen Karten ausgestattet ist.
272 Seiten und 36 Karten in Buchbox,
ISBN 3-89385-279-4, 3. Auflage 2005.

„Das Handbuch der Kartenlegetechniken“
stellt die beliebtesten Legesysteme vor. Für eine gute Deutung unentbehrlich.
160 Seiten, ISBN 3-89385-299-9, 3. Auflage 2005.